父母决定孩子一生

李艳明　彼得·海洋　著

中国·广州

图书在版编目（CIP）数据

父母决定孩子一生/李艳明，彼得·海洋著．—广州：暨南大学出版社，2011.12（2012.4 重印）
（阳光教育丛书）
ISBN 978－7－5668－0077－0

Ⅰ.①父…　Ⅱ.①李…②彼…　Ⅲ.①儿童教育：家庭教育—问题解答
Ⅳ.①G78－44

中国版本图书馆 CIP 数据核字(2011)第 263676 号

出版发行：暨南大学出版社

地　址：中国广州暨南大学
电　话：总编室（8620）85221601
营销部（8620）85225284　85228291　85228292（邮购）
传　真：（8620）85221583（办公室）　85223774（营销部）
邮　编：510630
网　址：http：//www.jnupress.com　http：//press.jnu.edu.cn

排　版：广州市天河星辰文化发展部照排中心
印　刷：佛山市浩文彩色印刷有限公司

开　本：787mm×960mm　1/16
印　张：11.5
字　数：220 千
版　次：2011 年 12 月第 1 版
印　次：2012 年 4 月第 2 次
印　数：4001—5000 册

定　价：28.00 元

前　言

你成功，但没有把孩子培养成才，你只成功了一半。

教育孩子把理想刻在岩石上，把方法写在黑板上。

——题记

在人类文明进程中，成功的家庭教育有一个共同点，就是家长教导孩子将绊脚石作为走向成功的垫脚石，指引孩子成才。如果家长不能将自己的人生价值嫁接到孩子的人生价值上，并加以培植和改良，就不能算成功的家长。所以说，家长决定孩子的一生！

公元前16世纪商汤立国后，商朝第22代王小乙立儿子武丁为太子时，命令武丁隐去太子的身份，到民间耕种庄稼。武丁在虞山，也就是山西与三门峡之间的山区开荒种地，体察民情，其继位后商朝兴旺发展。可以说，如果没有父亲小乙指路，就没有武丁中兴的丰碑！

我们走出武丁的宫殿，到达古代思想家孟子的家中拜访，孟子说，我今天虽有点成就，但如果没有我母亲三迁居住地（从坟地迁到城区，从城区迁到学堂），是很难想象成就人生事业的。

从孟母三迁到孟子的人生价值，我们感悟到，家长是永不下岗的班主任，是孩子成长道路上的指明灯，母亲燃烧生命点亮儿子心中的灯，完成了家长对孩子的责任、义务和使命！

1844年，年仅19岁的音乐巨匠斯特劳斯受到父亲巨大的精神打击，母亲对他说：“儿子，生命的意义是灿烂，而灿烂之光是自己给自己的，心有多宽，你未来的路就有多宽！”

小斯特劳斯铭记母亲的激励，在音乐的世界中找到自我，开始寻求创新！在1867年的万博会上，他以一曲《蓝色多瑙河》轰动了世界。

1871年，斯特劳斯在美国波士顿演出时，被7月13日的《太阳报》称为“美国的皇帝”，可见其影响力之大，这些不都是伟大的母爱所成就的吗？

母亲教育他心有多宽，未来的路就有多宽，这不正与法国作家雨果的名言“比地更宽的是海，比海更宽的是天，比天更宽的是人的心灵”大同小异吗？

还有一位音乐家帕瓦罗蒂，他是意大利农民的儿子，在他小时候，父亲将两把椅子拼在一块儿让他坐着，他一坐好父亲就拉动其中一把椅子，使他摔在地上，然后父亲对他说：“儿子，一个人一生只能坐一把椅子，看你什么都学，但都不专，将来必会一事无成，建议你努力学习你最喜欢的音乐吧！”

帕瓦罗蒂听了父亲的建议，在音乐的路上奋斗21年，终于登上世界男高音歌唱的顶峰。他父亲指引他在千万条路中找到了一条适合自己的路！

从帕瓦罗蒂的父亲为儿子指路的故事中，我们深深地认识到，要让孩子明白这样的道理：把简单的事情做好了，就是不简单；把平凡的事情做经典了，就是伟大，伟大出自平凡！

美国摩根财团创始人摩根，1835年穷得叮当响，把房子卖了，还借了一屁股债，他就是凭合同一张纸，诚信一辈子，把一个小小的公司办成了兴旺发达的世界财团之首。他去世时给孩子的遗言只有两个字：诚信！凭着诚信，摩根财团至今还是华尔街上的一面旗帜！摩根作为父亲，他不仅仅是为自己的孩子指路，也是为世人指路啊！

美国沃尔玛超市的老板萨姆·沃尔顿在1958年时没钱上大学，他听了父亲的告诫，爱岗敬业，本着缺钱不缺德的信念，打工挣学费，他的良好道德赢得了老板的赏识，老板不仅支持他读大学，1962年毕业时，还支持他创办了沃尔玛超市，并把自己唯一的女儿海伦嫁给了他！他后来对妻子讲，财富不是拥有几百亿资产，而是干净的灵魂，也就是缺钱不缺德的信念。

是的，萨姆·沃尔顿认识到了，钱带不进坟墓，一个人如果一生只认识钱，那将是没有价值的人生。为什么有的人富不过三代？就是不能正确为下一代指路，只认识钱，不懂得人生的价值啊！

其实，有思想的父母从来不将孩子看成私人财富。美国前总统华盛顿，1789年4月30日登上总统宝座时，有人问他，你的力量从哪儿来？他毫不犹豫地大声回答：“我母亲玛丽给的，母亲告诉我，生命是属于国家的。”

多么伟大的母亲啊，她对孩子人生的指引，正是印证了德国哲学家黑格尔的名言：不遥望天空的人，永远看不到彩虹！家长们啊，要遥望天空，这个天就是你的孩子，这条彩虹就是你孩子的人生理想！

古今中外，家长教育孩子的成功典范千千万万，但总结起来是教育孩子要有爱心、耐心和方法。

要做到两心一法，就要三管住：管住心，不烦躁，不乱想；管住嘴，不乱说，不乱叫；管住自己两条腿，朝有利于孩子成功的方向前进。家长首先要管住自己，才能教育好孩子。在教育中要把握六点：健康是万源之根，道德是成才之灵魂，理想是成才之根，读书是成才之基石，兴趣是成才之动力，创新是成才之阳光！

有了这六点，再送读者四件礼物：

一个打气筒：把教育孩子成才的自信心打起来。

一个手电筒：照照身边的人教育孩子有什么好方法值得学习。

一个镜子：照照自己在教育孩子方面有什么不足之处。

一把梳子：把心态梳理好。

记住：种地勤拔草，教育孩子多思考，只有家长好好学习，孩子才能天天向上，孩子的明天才会更加灿烂！

作　者

2011 年 10 月

目 录

1. 什么样的父母，什么样的未来

地理环境变化时，农民都知道改变种植方法；社会环境变革时，家长有没有想到更新教育观念呢?

农民怎样对待庄稼，决定了庄稼的命运；家长怎样对待孩子，也决定了孩子的命运。

怎样培养创新的一代，向父母提出了前所未有的挑战——家长与家长之间的竞争!

用科学的方法教育孩子是家长义不容辞的责任。父母是孩子的首任教师，父母的观念、品格、意志乃至行为习惯等都深刻地影响着自己的孩子。

当今，以高新技术为核心的知识经济将占主导地位，智力成为一种资本，知识成为一种资源，信息时代是竞争激烈的时代，要求年青一代必须有扎实的基础知识和熟练的基本技能，必须有创新精神、协作精神，必须有高尚的道德情操和良好的行为习惯。

家庭教育是学校教育的补充，是整个教育工作中不可缺少的组成部分。如果父母不懂得科学的家庭教育知识与方法，那么给孩子的爱反倒会成为葬送孩子一生美好前程的危险炸弹。

与其说国家的命运是掌握在当权者手中，不如说是掌握在家长手中。因为家长肩负着塑造“未来”的重任!

2. 孩子需要“六个解放”

我国著名的教育家陶行知先生主张给孩子六个解放：

（1）解放孩子的头脑，使他们能想。层层束缚孩子创造力的裹头布必须撕下来。

（2）解放孩子的双手，使他们能干。凡力所能及的活儿，让孩子自己去做，父母不要包办。

（3）解放孩子的眼睛，使他们能看。多看所爱之物，多看事物好的一面。

（4）解放孩子的嘴，使他们能谈。让他们有提问题的自由，以发挥他们的创造力。

（5）解放孩子的空间，不要把孩子关在家中。让他们到大自然、到社会中去拓宽视野。

（6）解放孩子的时间，不要用功课填堵他们的时间表。要给孩子一些空闲时间消化知识，干他们自己感兴趣的事，绝不能让孩子失去学习人生的机会。

3. 为人父母的十“要”十“不要”

（1）为人父母的十“要”：

①要耐心解决问题，不吵架。

②要对孩子给予爱。

③要说话算数，不失信。

④要诚实，不撒谎。

⑤父母要互相谦让、谅解。

⑥孩子的朋友来家做客时，要表示欢迎。

⑦要认真回答孩子的问题。

⑧要保护孩子的自尊心，不在公开场合诉说孩子的过错。

⑨要多表扬孩子的优点，学会赏识孩子的过人之处。

⑩对孩子的爱要始终如一，不要忽冷忽热，不要动不动就发脾气。

鞭打也只不过短时间内起作用。孩子们一旦长大，就不再怕挨打，随之也就丧失良心，开始堕落、撒谎，一旦遇到坏人，就会走上犯罪的道路，因为他们不再害怕鞭打和体罚，而他们的良心将会沉默。对孩子们来说，鞭打和体罚是世界上最坏的事情。恫吓只能使孩子变得卑鄙、堕落、伪善、胆怯……恐吓不会教会孩子们区别善恶……

——［苏］费利克斯·埃德蒙多维奇·捷尔任斯基

（2）为人父母的十“不要”：

①不要忘记孩子为街坊做的好事。

②不要在教育孩子时一个说一个护。

③不要忘记同孩子一起出去玩玩。

④不要代替孩子做作业。

⑤不要忘记提醒孩子吃好早点。

⑥不要强迫孩子做他们不愿意做的事情。

⑦不要干涉孩子的兴趣和爱好。

⑧不要因为孩子做了错事就又打又骂。

⑨不要把不良习惯传给孩子。

⑩不要因为怕丢面子而拒绝向孩子承认自己的过失。

4. 给孩子恰当的期望

家长首先要对孩子有真挚的爱。真爱指的是关怀、理解和尊重孩子，而不是用家长的权威去打骂孩子，也不是以考试成绩和名次去压迫孩子。用真爱去教育孩子，孩子会更有人情味；用真爱去期望孩子，孩子会更有上进心。

这种期望更重要的是要注意期望的“度”。心理学研究表明，期望过低，孩子意识到家长对他期望很少，自尊心会受到严重的伤害；期望过高，实现的可能性很低，或者没有实现的可能性，孩子则容易产生自卑情绪。

给孩子恰当的期望，还必须注意期望的方式。目前，许多家长只是对孩子的学习提出期望和要求，而对他们的思想品德和兴趣爱好则缺乏必要的要求和关心，甚至错误地认为，学习成绩好就是好学生。于是，不让孩子干家务，不让孩子看电视，甚至节假日也不让孩子有活动的自由。

对孩子恰当期望的标准如下：

（1）对孩子只能作兴趣培养，不能作定向培养，要引导，不能强迫。

（2）不要让父母的期望代替孩子自己对未来的设计，因为两代人期望的方向是否一致，直接影响到实现期望的努力程度及其后果。

（3）不要让父母的期望成为孩子可望而不可即的东西，否则过高的期望会给孩子带来不堪忍受的心理压力，而最终使期望归于破灭。

无论什么人，受激励而改过，是很容易的；受责骂而改过，是不太容易的。小孩子尤其喜欢听好话，而不喜欢听恶言，父母应给孩子恰当的期望，鼓励孩子成才。

5. 与孩子有效地沟通

家长应学习怎样和孩子说话，向孩子传达出内心的想法和愿望，使孩子能够及时感受到父母“批评”“教育”中所蕴涵的关爱和善意，减少因“言辞不妥”而引发的孩子的抵触情绪。

例如，孩子下午放学后没有按时回家，天黑了，父母非常着急，到处打电话询问。正在此时，门铃响了，母亲迫不及待地去开门，然后劈头一阵责骂：“你死哪里去了？害得我们差一点去报案……”

孩子试图解释，但母亲此刻哪里容得下孩子解释？劈脸又是一个耳光，打得孩子捂着脸跑进自己的房间哭泣去了。父母用责骂和耳光传达了自己对孩子的那一份刻骨铭心的“关爱”。

父母出于爱心和善意的管教常常因这种拙劣的沟通而失效。当父母对着孩子愤怒责骂的时候，父母的爱心被淹没在粗暴的管教行为之中。尽管许多父母在责骂的同时，不时声称“是为你好”，但子女听到的只是如雷贯耳的骂声，很难感受到父母的“爱心和善意”。有位父亲因一个偶然的机会，得知儿子对自己“又恨又怕”，感到非常吃惊，因为此前他从来没有想过儿子怎么看自己，只一味地认为自己非常爱儿子。从此，他改变了管教儿子的方法。他不想让他的儿子像自己一样，一直以为父亲不爱自己，因而非常恨自己的父亲。而实际上，他的父亲非常爱他，只是拙劣的沟通使他从来没有感受到父爱，直到父亲去世后他才明白。许多父母相信孩子在事后或长大后会知道父母当时、当年所做的都是“为了孩子好”，其实，纵然事情结果如他们所想，但眼下的管教若建立在子女对自己的对立情绪上，又如何能真正生效？父母苛求、缺乏温情的养育方式与过分保护、干涉一样，都有损子女的健康成长。

我们是否应该思考一下：管教子女，非得要用“打骂训斥”的沟通手段，把自己的爱心和善意伪装、包裹起来吗？用良好的沟通让子女直接地、即时地感觉到父母的爱心和善意，效果是否会更好呢？

例如，父母可以这样对晚归的孩子说：“你回来得太晚了，我们都非常为你担心，我已经打了十几个电话，还差一点要去派出所报案了！”

“担心”是父母真正的感觉，愤怒是由担心而产生的。父母何不直接、坦诚地把自己的担心感觉传达给子女呢？而子女，不管他是由于正当的原因，还是不正当的原因晚归，听到这样的话，多半都会感受到父母的深切关心，并且产生内疚感。若有良好的沟通开头，接下来的“教育”就容易了。

在沟通中，父母经常要对子女进行批评教育，这种批评教育既是父母对子女的深切关爱，又是父母应该履行的职责和义务。

但要注意避免下面三点：

（1）避免夸大事实。夸大孩子的过错，不仅不利于孩子认识、承认过错，而且容易激起孩子的自卫心理。

（2）避免笼统表达。笼统模糊的表达方式，常常会引起理解上的不一致。比如，父母为某件事叮嘱孩子早一点回来，但结果，父母指责孩子回来得不够早，而孩子认为他已经回来得很早了。日常生活中，为这样的事也常常发生不愉快。究其原因，是因为不同的人、不同的角色对同一概念的理解不完全一样。所以，与其说“早一点”“快一点”“马上”这样模糊的要求，还不如具体说几点几分。同样，“以点盖面”也是一种模糊的表达方式。如果父母对孩子的某种行为不满，要避免笼统地指责“你这个孩子……”而应该具体地说“你这个行为……”“你这件事……”因为父母真正不满的是孩子的某个行为，而不是孩子这个人。

（3）避免孩子夸张认错。夸张的认错实际上是一种以退为进的威胁行为，因此常常更容易激起子女的愤怒。像“好了，好了，都是我的错”“反正你总是对的，我都是错的”等句式，显然是在发泄自己的愤怒，毫无认错之诚意。如果父母真正想息事宁人，不想激起子女的愤怒，那么，正确的句式应该是“也许你是对的”“也许是我错了”。留有余地，无论从平息情绪、尊重事实，还是从尊重子女方面来说，都是行得通的。

6. “神童”之父的教子秘诀

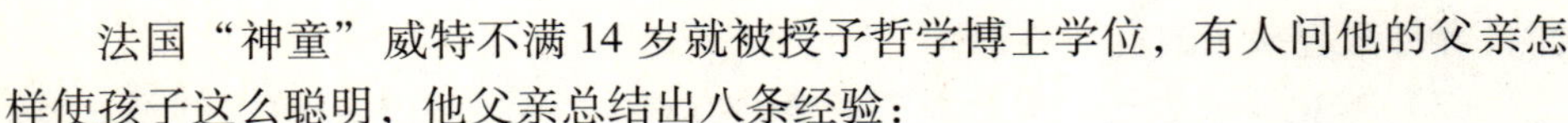

法国“神童”威特不满 14 岁就被授予哲学博士学位，有人问他的父亲怎样使孩子这么聪明，他父亲总结出八条经验：

（1）不浪费孩子的智力。当孩子咿呀学语时，就要教他正规语言。比如，不要把汽车说成“嘀嘀”。

（2）注重培养孩子的思维能力。经常提出问题，让孩子积极思考问题。

（3）锻炼孩子的记忆力。给孩子讲完故事后，让孩子用自己的语言复述一遍。

（4）逐步提高孩子的观察力。有意做些违反常规的小事，让孩子发现并“纠正”。

（5）开阔孩子的视野。带孩子到各地游览，增长见识，扩大眼界。

（6）培养孩子各方面的兴趣。

（7）激发孩子的学习热情。对孩子有问必答，不敷衍孩子。

（8）从小严格要求，使孩子养成良好的道德品质和生活习惯。

7. 中学生喜欢什么样的父母

一般来讲，中学生都喜欢关心体贴、和蔼可亲、爱护子女、理解子女的父母，最反感的是严厉粗暴、修养差、不通情达理的父母，而且绝大多数中学生特别厌倦母亲的唠叨。

中学生喜欢的父母类型可归纳如下：

（1）理解、尊重子女。中学生最渴望父母能真正走进自己心里，了解自己的思想动态、兴趣爱好、喜怒哀乐，从而理解、支持自己的选择和追求。可惜很多父母并不懂得这一点。他们只关心孩子的生活、成绩，却不去了解孩子丰富的内心世界。很多中学生抱怨说：“他们只知道分、分、分。考好了，兴高采烈；考不好，就开始指责、训斥，从不问你为什么考不好。”

不少学生说，父母偷看自己的日记，偷拆自己的信件，偷听自己的电话，像特务一样在后面盯梢。一位女生说，她母亲几乎到了草木皆兵的地步，如果是男生来电话，她立刻要问：“他是谁？哪班的？学习好吗？家在哪住？父母是干什么的……”查完祖宗八代，然后重重抛出一句话：“你可别给我丢人！”女孩哭着说：“妈妈这么不信任我，真想早恋一把让她看看。”

（2）不摆父母架子。父母既是子女的保护者，又是子女的知心朋友；他们既尊重孩子的主动性和独立性，又要施以必要的教育和引导。一位高一男生自豪地说：“我特别爱我的父母，他们和我的关系不像父母和子女，而像是铁哥们。从小到大，家里有什么事都摆在桌面上由一家三口共同商量。爸爸出差的时候，妈妈就说：‘男子汉，全靠你了。’我觉得自己有责任感，而且坚强、果断。”

一名高二的女生说，她的父母特别民主，她的妈妈很理解她。有时，她的日记本忘在书桌上，妈妈保证不看，而是小心替她保管好。同学来电话时，不管男女，总是自动避开。她不说，绝不问对方是谁。她说："一次，我在夏令营认识了一个男孩子，不知为什么怎么也忘不掉。妈妈知道后没有批评我，而是跟我讲青春期心理、生理发育的特点，并且讲了她年轻时的经历。妈妈的理解、帮助和信任，使我顺利地走出最初的迷惘……"

（3）家庭和睦。弗洛伊德说："一个为母亲所特别钟爱的孩子，一生都有身为征服者的感觉，由于这种成功的自信，往往可以导致真正的成功。"夫妻恩爱，子女就会生活在温馨的家庭氛围中，得到关心和爱护，获得爱和尊重的体验，从而心情愉快，身心健康；反之，则影响子女的发展，甚至会毁掉子女一生的幸福。

（4）赏识自己的孩子。许多父母在教育孩子方面多少有些心理错位，不是用赏识的目光赞美自己孩子的优点，而是恨不得用放大镜去寻找孩子的弱点，更可怕的是处处拿别人孩子的长处，与自己孩子的短处相比。一位初三男生讲："我妈老说我不好，动不动就拿我跟她同事的孩子比：人家某某考100分，你怎么就考80分？人家这次期末又是全班第一。后来我对她说：'我这不好那不好，你给某某当妈去吧！'"子女需要鼓励、肯定和赏识，父母用别人作例子，为自己孩子树立榜样，目的在于使用"激将法"引导孩子奋进，而事实上，却可能会导致孩子自信心的丧失和崩溃，从而产生自卑心理。

（5）真正关心孩子。很多父母只关心孩子的学习成绩、身体状况、能否考上重点高中或大学等，而对孩子的心理、思想、个性发展则关心不够。而孩子需要父母关心的恰恰是后者。不止一位学生愤愤不平地对我说："我父母哪是关心我呀！他们最关心的就是分数！一回家就知道问两句话：'作业写了吗？考了多少分？'除此之外，你说什么他们都没兴趣听。"

（6）对子女的期望要合乎实际。有位母亲曾对她的女儿说："爸妈累死累活的赚钱都是为了你，你要是考不上大学，我就跳楼算了。"这位母亲应该想一想孩子带着这么大的压力，背负着那么重的包袱去竞争，她可能赢吗？某重点中学高一有位女生，中考分数离重点中学的录取分数线还差着90分。她父亲通过一些关系，花了4万元，总算在省重点中学为女儿占了一席之地。为了让女儿安心学习，这位父亲让爱人辞退了工作，专门在省城租了一间房子陪女儿读书，自己则留在县城拼命地赚钱。一家人一星期聚上一次，每次父亲见她，问的总是学习。由于孩子基础差，在重点中学里犹如小羊和千里马赛跑，她不可能跑得过人家，于是导致严重的自卑倾向。

8. 消除与孩子间的隔阂的办法

有的家长已感觉到很难和十几岁的孩子进行充分的沟通了。下面的方法可以帮助家长消除和子女之间的隔阂：

（1）许多青少年认为自己长大了，有了一定的主见，已经不愿意再充当被导演指挥的角色，但他们思想活跃，又希望有个倾诉衷肠的对象。最好的办法是家长经常抽空陪伴孩子，并且当一个好听众。这样，孩子遇到什么事，自然会想到找家长。

（2）学会在活动中与子女交谈。如一起打扫家里的卫生或外出进行锻炼时，双方可以轻松地聊聊，这种形式使大家都会感到轻松自在，通过沟通家长可以较好地了解孩子的情况。

（3）学会只当顾问。青春期的孩子非常反感家长替他们作决定，更不喜欢家长指责他们把事情搞砸了。家长只能当顾问，协助其仔细分析所发生的事情，让孩子自己想出解决问题的办法。

（4）这个年龄的孩子都渴望有自己的私人空间，家长尽量不要干预他们的私事，给他们一个自由的空间。

（5）家长把不想直接向孩子说或可能不中听的话写下来，让孩子知道。把话写下来，你的话就会显得很有分量，因为一般人认为白纸黑字更加可信。

（6）珍惜孩子对家长说的话。孩子一般不愿意把有关自己的事告诉家长，因此，家长应把孩子告诉自己的事都视为礼物，加以珍视。

9. 家长的责任不是找孩子的错

有些家长动不动就批评孩子，批评量过多，会给孩子造成巨大的思想负担而对孩子构成伤害。

有的家长认为，“不教不成人，棍棒出好人”，对孩子总是批评多于表扬，这实际上是消极心态占了上风。他们总在寻找或注意应该批评的那一面，形成了教育的误区。

比如，当他们的孩子拿着考试成绩单回来，上面共有六科，其中五科的分数都是80～90分，而有一科是59分！这个时候，他们的第一句话大多数都是：“这一科怎么没及格？”

再比如，他们叫孩子去买一些水果看看爷爷、奶奶，孩子什么都做得很好，快回到家门口时，一不小心踩着了泥塘，把鞋和裤脚弄脏了，刚一进门，家长看到孩子这副样子就叫嚷了：“这怎么回事，你怎么这么不小心？眼睛长到头顶上啦？不看路！”

就是如此，他们先看到不好的地方，先看到消极的一面，专找孩子的错，好像他们做家长的责任就是找孩子的错一样。他们就像是竞赛场上的裁判员，专门吹哨的，专门看人犯错误的。实际上，家长的角色应该是“拉拉队”，为孩子在人生的跑道上呐喊加油，所以，家长要找准自己的位置。

10. 孩子离快乐有多远

谁能说当今的孩子不幸福？他们可以吃到想吃的好东西；他们不仅穿得暖和，而且花样翻新；每逢假日，家长带着他们乘火车甚至飞机去旅游；每到节日，他们收到各种各样的礼物……然而，面对这一切，孩子们却说：“真没劲！”我们竭尽全力为孩子们创造幸福，他们为什么不快乐？

（1）激烈的竞争令人窒息。

孩子们不快乐的主要原因就是功课的压力。现在仍有不少的小学生几乎没有玩的时间，但是还能保证每天 8 小时的睡眠。初中生连每天 8 小时的睡眠时间都保证不了，每天只能睡 6 个小时。上早班的人都知道，每天清晨 6 点多一点，大人还在梦乡里，满街就是穿着校服上学的孩子们了。下午放学回来，还要挑灯夜战到深夜 12 点，学业把孩子们压得几乎喘不过气来。

一次，老师让同学们讨论“什么是幸福”，大家的答案多数与玩和作业有关，有说玩游戏机是幸福的，有说少做作业是幸福的……突然有一个孩子说：“天上掉下来一颗炸弹炸了学校，就是我们的幸福。”虽然是一句调侃的话语，却赢得了全班同学的掌声。老师沉默了，她没有对这个学生进行批评，或许孩子们的压力老师心里也是清楚的。可是能怨谁呢？老师与老师在竞争业绩；学校与学校在竞争升学率；学生与学生在竞争今后的社会位置……

（2）望子成龙、望女成凤之不幸。

人们说现在减负了，孩子们正好可以松口气。但其实“减负”只是孩子的一相情愿。社会竞争不减，孩子的“心负”就不会减，望子成龙的家长们正好利用学校的“减负”时间，给孩子们开小灶。

每年的音乐考级现场，熙熙攘攘上万人，全家老少齐出动，五六岁的孩子还拿不动乐器，就已经在摇摇晃晃地参加考级了。而学乐器最少要 10 年才

能成才，这些孩子们在6～16岁最天真的年华，踏上了“不玩”的路。望子成龙、望女成凤，让独生子女时代的孩子，背上了成名、成家的重负。

（3）过分宠爱的反作用。

街头上可以见到的小胖墩儿，恰恰是近10年家庭宠儿的写照，小小的孩子已经要减肥了。

营养过剩，不仅容易造成孩子肥胖，还会令孩子眼球凸出，造成近视。据统计，现在有三分之一的中小学生近视。

过分宠爱，使一个七八岁的孩子不敢自己过马路；不会系鞋带；不敢单独在家，这些都是孩子们潜在的不幸。

孩子们的苦恼，还能举出若干——高智商、低能力的苦恼，贫富分化造成的心理压力，父母离异或感情破裂造成的阴影等。在这些烦恼和压力面前，好吃好玩的诱惑，已显得没有什么竞争力。或许，我们应该好好想一想，怎样才能给孩子们多一点快乐？

11. 莫为子孙作远忧

承担子女的教育和生活，无论是从家庭还是从社会来讲，都是父母义不容辞的责任。然而，有不少父母，其子女还不到十岁，就为其买好房子，在银行存入一笔数额不小的资金，并为子女瞄准将来的就业门路。可许多事情常常事与愿违，父母对子女越是这样“负责”，子女往往越是不争气。

爱子之心，人皆有之。但父母不可能为子女包办一切，更不可能照顾子女一辈子。如何对待子女的教育和生活，古代、现代的名人为我们作出了榜样。元代关汉卿主张“儿孙自有儿孙福，莫为儿孙作远忧”；清代郑板桥给儿子的遗嘱是“淌自己的汗，吃自己的饭，自己的事情自己干”；我国前国家主席刘少奇曾说过，孩子们不能什么都依靠大人给他们安排得妥妥帖帖，要让他们自己去闯才能得到锻炼。靠大人帮助，他们倒是舒服省心，可得不到锻炼，将来会做事情吗？老是让他们衣来伸手，饭来张口，这不是爱护他们，而是害了他们。

有道是“自古英雄多磨难”，父母如果真爱子女，就应该从子女小时候开始，培养其独立的人格，磨炼其坚强的意志，顽强的毅力，增长其真才实学。让其学会做一个诚实刻苦的人，而不是不劳而获的光吃老本的“寄生虫”。这样，当子女长大后，才能具备在艰难困苦环境下生存的能力，才能成为有用人才。为了下一代的健康成才，莫为子孙作远忧。

12. 父母在教育上要一致

阳光教育丛书

（1）父母经常在教育子女的问题上发生争执，在具体方法上也是“各唱各的调”，容易造成家庭生活不和谐，更容易使孩子分不清孰是孰非。父母双方常常一个爱“管”，一个爱“护”；一个严责，一个宽容，形成“父严母宽”或“母严父宽”的教育模式，有的甚至当着孩子的面争论，闹得面红耳赤，这样不仅影响了家庭和睦，而且不利于教育孩子，致使孩子养成任性、是非不分、听不进正确批评、常常无理取闹等不良品德和行为。

（2）父母在子女教育上的不一致，本身就会使教育效果大打折扣。有些孩子会倚仗宽容迁就他的家长来抵制管教他的家长，使管教的一方家长在家庭中失去教育的作用。

（3）父母的不同态度，会使孩子无所适从，养成不良的“双重人格”：孩子当着严厉的家长之面，如老鼠见了猫，战战兢兢，唯唯诺诺，有话不敢说，有理不敢辩，有事不敢做。当着宽容迁就的家长之面，就言行放肆，为所欲为，无法无天，一点规矩也没有。这样势必导致孩子形成阴一套阳一套、见风使舵、看人眼色行事的性格。

父母教育子女的正确做法如下：

（1）父母双方在教育观念、方法、内容上保持一致。父母中的一方所提出的教育子女的意见和措施只要是正确的，另一方都应予以支持和配合，不要唱反调。有时，一方的教育不一定正确，此时不要当着孩子的面吵起来，应私下协调，取得一致意见，达到教育目的。

（2）父母亲在教育时间的纵向上先后保持一致。也就是说，当孩子提出一个要求，他只对父亲或母亲一个人说时，那么父母任何一方都不要马上答应，应回答“和你妈（或爸）商量一下再说”，这样在孩子面前，就可避免先答应了又作改变的被动局面。

（3）家长在孩子教育上保持一致性：

①父母间经常商讨孩子发展中的问题与教育对策，以便统一口径。

②父母中的一方不能在孩子面前说另一方的坏话。

③父（母）亲在教育孩子时，母（父）亲只能补台，不能拆台，有异议可在事后解决。

④对同一行为的处理必须保持前后一致，不可自相矛盾，以避免孩子思想混乱。

⑤不应使孩子感受到父母对他的态度不同。

13. 父母不应成为孩子成长的羁绊

每个家庭都渴望自己的孩子得到最广阔的发展空间，然而，在无意中却往往限制了他们的发展。我们对孩子成长的约束，更明显地表现在对知识以外的教育上。训导可以说是普遍通用的一个模式。家长过多地干涉孩子的决定，从穿衣戴帽，到择朋交友，只要有精力，家长都要加以“指导”：“不！这样不行。”“那样不明智！”“应该这样做！”这些行为向孩子传输的信息就是：“你不懂，不行，听我的。”孩子们在这种教育下，所滋长的不是自信心，而是对父母的依赖和对自己的怀疑。在美国的一般家庭中，父母很注意跟孩子讲话时的态度与措辞，将自己摆在一个参谋的位置，而非指挥者与决策者的位置。在大多数情况下，孩子们的确不懂得如何处理生活中的许多事情，需要父母的指导，但给予这种指导的形式不同，却会对孩子的心理产生很大的影响，完全训导式的教育，会使孩子产生自卑感或自我怀疑，并丧失自我探索的进取精神，变得被动；而引导式的教育，使孩子们既得到所需的知识，又增强了自信心，形成一种健康的求知心理。

我们的长辈常爱说的一句话是：“孩子再大，在父母眼里还是孩子。”这里包含着父母对孩子的一片爱心。但如果以这样的观点看待孩子能力的增长，其正确性就值得推敲了。

孩子们的成长速度是惊人的，每一分钟都有进步，这样讲毫不夸张。他们对新事物有强烈的好奇心和旺盛的求知欲，对周围的每一件事情都有敏锐的观察和快速的记录，如海绵吸水一样，吸取着所有的新知识。但家长却常常以老眼光看人。在我们周围这样的话是经常听到的：“你还太小，等大一点才行。”对有些事情，孩子的确是太小，不能做，但许多我们认为孩子不能做的事，他们其实已完全有能力驾驭。就拿挑鱼刺这样的事情来说，父母总是担心孩子会被鱼刺扎伤，总是要帮他们将鱼刺剔得干干净净才让孩子吃。对一个很小的孩子而言，这样做是必要的，问题在于这样的服务应做多久，什么时候才能放手，让孩子去练习自己挑鱼刺的本领。

大多数的孩子得到这种锻炼机会时，已大大晚于他们实际上可以开始的年龄。父母会说这算什么大不了的事？晚一些又怎样？只要孩子不被扎着就可以。这样的事情重不重要呢？孩子们在生命初期最重要的是什么呢？生活对他们来说是一片未开垦的处女地，他们所需要的是一股拓荒者的勇气与自信，不是恐惧与畏缩。生活中每一件可以对此发生影响的事都是无比重要的，每一件小事积累起来都会影响到一个人的性格与素质的塑造。我们千万不能忽略。

14. 错误的批评

有的家长在批评孩子的时候对人不对事，直接对其进行人身攻击。比如：“你怎么这么蠢？真是个笨蛋、傻瓜，一点用都没有！当初不生你就好了……”

这些家长可能会辩解说：“我们也是一片好心呀！虎毒不食子，我们是为了教育孩子，是为了让孩子不学坏，让孩子更争气。”

但孩子受到的却是双重消极影响：一方面，他们直接受到破坏性批评的伤害；另一方面，父母在作破坏性批评的示范。孩子在潜移默化中学会了这一套，将来又用来对付他们自己的孩子。

而有些家长的批评则是增加孩子的内疚感。

比如说：“爸爸、妈妈很辛苦啊，你一点也不争气，一点都不像其他的同学那样努力，你这样怎么对得起爸爸、妈妈？”

这样的批评会使孩子陷入深深的自责从而产生负罪感，幼小的心灵就背上了沉重的忏悔的十字架。背着“包袱”去奋斗，成功的难度相对就大得多了。

还有一类家长的批评比较隐蔽，就是有条件的爱。

比如说：“你考 90 分以上，我才给你买玩具，带你出去玩！妈妈才爱你！”从此，孩子知道了，“爱”是有条件的，甚至是虚伪的。于是，孩子的爱心被“功利”扭曲了，这也会给孩子造成伤害。

15. 正确的批评

当孩子犯了错误，家长批评孩子时，为什么有些孩子就是不肯认错？其实检查起来，问题往往出在家长身上。在批评孩子时，如果能注意下面这些原则，孩子通常就容易接受家长的批评了。

（1）只谈眼前，不翻旧账。做错的事批评过了就应该“结案”，不要老是记着孩子以前的缺点，让孩子觉得他在父母面前永远无法翻身。孩子正处在学习做人的过程中，父母要勇于原谅孩子的过错，动辄翻老账，容易伤害孩子幼小的心，孩子是不会接受的。

（2）不能只注意孩子的错。当父母动怒时，常常会急于让孩子认错，会直接针对孩子所做的错事切入，然而孩子其实不是从小到大都只做错事的，必定还有许多可取之处，如果父母只针对眼前的错事指责他，而忽略了他的优点，就很容易让孩子觉得父母只看到他不好的行为，而并不了解他整个人，只注意他的缺点。这样他就会怀疑，当他表现好时，当他作出努力时，父母到底看没看见。其实，努力做得好是需要动力的，孩子往往需要家长的赞扬，同样的道理，在我们批评孩子时，也应先对孩子做得好的方面给予肯定，然后再指出做得不对的地方，要让孩子知道，家长并不是光把眼睛盯着他的错处，做得好的地方同样看得见。

（3）增加身体接触。在批评孩子时，可以搭着他的肩膀说话，或拉着他的手讲道理给他听。有些听不得一句重话的孩子，会非常排斥所有指责他的话，所以，当我们实在需要责备他时，应该用眼睛正视孩子，一边说着指责他的话，一边用身体语言表达我们仍然爱他，仍然关心他，没有完全拒绝他，只不过他做错了一件事。我们要告诉他错在哪里，帮助他认识错误，这样恩威并用，孩子认错的勇气就大为增加了。

（4）批评过后要表达对孩子感情依旧。批评过后，父母不要一直板着脸说话或不理睬孩子，如果本来打算和孩子一起出去玩，也不能以孩子今天做错事为理由就不带孩子出去，也不要取消原本答应给孩子买东西的计划，要让孩子知道，做错了事应该受到批评，但父母不会因为孩子做了错事就不爱他了，批评孩子正是因为父母爱孩子，希望孩子更加茁壮地成长。

做父母的对子女的早年教育绝不是一种无效劳动。虽然在某些年月里，好像被教育者处于沉睡状态，没有见到效应，但是，到后来终有一天，会看见大有好处的。

——［英］丹尼尔·笛福

16. 对“蜜糖＋皮鞭”的思考

今天，我们的父母为教育后代而作出的奉献和牺牲是可歌可泣的。许多家长用他们从牙缝里省出来的钱，为孩子买最新潮的电脑，为他们选择最好的学校，供他们上五花八门的“补习班”。

然而，结果又如何呢？

父母在孩子身上投入如此多的爱，而孩子对父母却是如此厌烦。

有家新闻媒体在讨论“对待自己父母的态度”时收到500封信，其中有90%的青少年对父母不满。

面对这样的结果，向来标榜自己对孩子“最了解并充满了爱”的中国父母真是瞠目结舌！

我们这个最珍爱孩子的民族，为何失去了孩子的敬重？

思考一：“蜜糖”并不是爱

几乎所有的父母都认为这一代孩子是在蜜罐中泡大的，生活优裕，无忧无虑。但事实上，一代人有一代人的艰难。首先，孩子们生长的这个环境就比以往更为复杂，承担的希望也是历代人所无法比拟的。优厚的物质条件背后，往往有着比上一代人更深的心灵苦闷。

由于少年儿童自我意识的增强，加之成人社会各种风气的耳濡目染，他们总是在向父母提出更新、更高的要求，期待能够被理解、被接受，能够同

父母民主地、平等地讨论萌发出来的观点。然而，他们又总是处于被忽视的地位——父母照顾他们成长中的身体，却没照顾他们成长中的灵魂。

因为只有一个孩子，越来越多的家长小心翼翼地注视着自己孩子的成长，他们达成了一条不成文的共识：要想让孩子成器，就必须舍得消费。

用有价值的钱换取无价值的本领，本无可厚非。但是，由于有些父母总是以自己的方式，“宏观”地俯视着孩子们的处境，并予以物质上的极大满足，而不“宏观”地去想孩子们是否快乐。因此，孩子们便被投入到了一个装满蜜糖的牢笼中。

孩子们所苦恼的，不是物质的匮乏，而是精神的桎梏。每位父母都想在孩子身上实现自己的梦想，但他们却忽略了孩子自己的梦想；每位父母都认为自己有责任向孩子灌输各种社会的理想和道德，有责任把孩子培养成自己所期望的人，但他们却忽略了孩子应该走出一条自己的路。因此，在孩子对父母的抱怨中，除了青春期特有的生理、心理冲突外，也包含着父母们愚蠢的责任心。

思考二：孩子们不是野兽

教育是塑造灵魂的艺术。然而，在中国恐怕很少有职业像做父母这般，无须任何“资格”审定便可上岗。有些父母对子女如同喂牛养马、栽花种树一样，其教育方法之简单，令人发指！

沈阳一位8岁的孩子，被父亲一记大耳光、猛踢两脚身亡；武汉一个孩子则是被父亲边捆绑、边数落，吊在梁上致死；贵阳一位7岁孩子死里逃生，在腿上、屁股上，留下两道被父亲用火钩烙的红黑相间的伤痕，还有那与烧焦的猪皮一般的肚皮……

三个孩子的“罪名”差不多都是逃学、贪玩，而三位父亲对各自的犯罪行为异口同声：都是因为“爱”——这就是悲剧的所在。

原始蒙昧时代野蛮的驯兽方式，仍残留于当代的家庭教育中，这真是人类文明进化过程中的返祖现象。

祖宗曰：“棍棒底下出孝子”“打是亲，骂是爱”。今人说：“要想儿女成器，回去准备一根结实点的棍子”“板子响，学问长”。这正是古人遗传下来的野蛮训练观念。

智者说：小的时候，不把他当人看，大了以后他也做不了人。

然而，总有一些愚蠢的父母不相信。

“走着瞧吧，过几年再算账！”孩子心里说。

思考三：心灵的伤疤莫去揭

随着现代文明的发展，棍棒式的虐待行为正日渐减少。但粗暴地扼杀孩子天性的事则时有发生，冷漠、贬斥、讽刺、挖苦、怀疑、侮辱等“心理施暴”和“心理虐待”成为家庭教育中另一个严重的刑罚。由于这种“施暴和虐待”所结的恶果，须较长时间才能看见，所以它对孩子的健康成长危害更大。

有这样一则令人心痛的故事：

某教授夫妇因儿子高考成绩欠佳，只能在大学当旁听生而感到丢面子，成天在儿子面前唠唠叨叨：“这么不争气！我们出门都没脸见人。”孩子的精神在高度压力下终于彻底崩溃，竟残酷地用电线将亲生父母双双勒死，“免得你们无脸见人”。

专家告诫：受过心理施暴的孩子，即使不发生心理变态，成年后也会出现较多的心理障碍，从而难以适应社会。

因此，不是中国的父母没有认识到教育的重要性，也不是中国的父母没有牺牲精神，而是中国的父母大多不懂得教育的方式，而使他们失去孩子的敬重。

试想，在一个孩子有大量理由不尊重其父母的家庭中，能造就出健康、良好的社会公民吗？

真不知有多少父母能够认识到他们给予孩子们的所谓“教育”，只是迫使子女陷于平庸，剥夺他们创造美好事物的任何机会。

——［美］伊莎多拉·邓肯

17. 孩子对父母有抵触情绪怎么办

孩子对父母有抵触情绪，当父母批评他时，他便蒙着双耳叫“烦死了”；再批评，他就要出走。遇到这种情况怎么办？

少年的心理发展有几个危险期，最早一次危险期是在小学五六年级出现的。这时孩子的自主观念开始苏醒，但辨别是非善恶的能力还不够，最容易出现的现象就是跟父母逆反较劲。

在学校，他们也会跟老师逆反较劲，但学校有一系列的规章制度管着，他们不得不有所收敛。家里家规不明、奖惩不明，很容易使他们养成乱叫乱嚷的习惯。其实，他们并不是硬跟家长过不去，而是心里有些莫名其妙的东西郁积着，乱叫乱嚷一气，会产生宣泄后的痛快感。这时该怎么对待他们好呢？

首先，要改变过去的谈话方式。过去孩子还小，自主观念还处于沉睡状态，知识也很浅薄，父母在他们心目中是无所不知、无所不能的，父母怎么指责他，他都听得进去。但现在不行了，他懂得多了，偏于自我的心理倾向突出了，父母还用老一套来下命令，他们就会开始反感了。

其次，谈话内容要多一些知识含量，尽量新鲜、有说服力。

再次，谈话形式要采用谈心式、讨论式，有时甚至要采用征询式。要让孩子乐意侃侃而谈。在孩子侃侃而谈时，要倾听，对的，马上肯定；新的，及时赞赏。听完了机巧点拨，能纠正，则纠正；不能纠正，就放着，下回再说。

18. 美国父母教子成功经验

(1) 充足的爱。父母能够给予孩子最有价值的礼物就是“爱”——慷慨和无条件的爱。我们应尽可能多地让孩子感受到我们爱他。无论孩子犯了怎样严重的错误，父母都要对孩子有一颗宽容的心。有一些不好的词语，在批评孩子时最好不要用，如“你滚开，我再也不愿见到你”“再不听话，我就不要你了”“如果你不能做到，就别来见我”等，这可能会隔断孩子与父母间的情感联系，使我们失去教育引导孩子的机会。

(2) 尽可能多地和孩子在一起。每个孩子都需要从父母那里得到足够的重视。在每天工作之余，父母要腾出一些时间参加孩子的游戏，例如，扮演一名教师、售票员、足球教练、汽车司机。最好的活动是一起读书和一起游戏。所以，最好把看电视的时间节约下来，用来与孩子一起读书和游戏。还有一点，要为孩子提供各种各样的机会，要尽可能地让孩子接触到各种东西。这样，可以拓展孩子的视野，丰富孩子的知识，使他在今后的人生旅程中，更有可能选择最适合的发展空间。要是能全家人一起来做一些事情，那就更好了。这不仅给孩子提供了向父母学习的机会，还会促进家庭成员的交流，增进家庭的和睦。

(3) 倾听孩子的心声。有经验的父母提出，通过听孩子说话来了解他们的感受，是非常有价值的一种方式。不论孩子提出的问题是大还是小，都要尽可能找时间立即去倾听他所说的话，而不要等父母有了空闲时间再说。与孩子谈话，为父母提供了一次了解和教导孩子的机会。立即倾听孩子的谈话，有助于赢得孩子的信任，这样孩子才愿意把他所有的事都告诉父母。而对父母来说，了解孩子头脑里想的是什么，也是一件很重要的事情。

(4) 培养孩子的独立性。随着孩子的成长，给他越来越多的自由和控制自己生活的权利是很重要的。父母可以首先在一些无足轻重的小事上给孩子作决定的自由，然后再将他们可以作决定的事情范围不断扩大。随着孩子年龄和能力的增加，可以让他完成更难的任务，从而使孩子产生完成任务的骄傲感，更加自信和自律。这一点对于那些只有一个孩子的父母来说，的确很重要。给孩子一定的自由，表明父母信任和尊重孩子，孩子也会因此更加尊敬和爱父母。事事都包办代替的父母，显然不是好父母，这样只会害了孩子。孩子虽小，但他有自己的头脑、思想和情感，他是他自己。父母只是在他很小的时候，在一部分事情上帮帮他而已。试想，一个十几岁的大孩子如果鞋带松了自己还不会系好的话，他会感谢父母以前十多年来辛辛苦苦为他系鞋带吗？他只能抱怨父母为什么没有教会他来做这样简单的事情。

19. 怎样对待有残障的孩子

有残障孩子的家庭更应注重对孩子独立生活能力的培养，而不应过分保护孩子。过分保护一方面会使孩子失去锻炼、成长的机会，另一方面也会使孩子感到能力缺乏，因而对自己失去信心。

有两个事例对家长会有一些启发：

在美国，有一家人乘游轮出外旅游，一对夫妇带着四个都是中学生样子的孩子，其中一个女孩特别引人注意。她是跛子，而且跛得很厉害，但让人感到不可思议的不是她的残疾，而是她背上背着的大背包，显然背包是她的旅行用品。她上船时看上去很吃力，却露出一脸的坚毅和兴奋。她身后的兄弟个个人高马壮，却没有谁去帮她，他们轻松地背着自己的背包，很坦然地跟在姐姐后面跨上船来，再看父母也丝毫没有要照顾这女儿的意向。

在中国，有一位不幸被车撞残了腿的女孩。她的父母对她精心照顾、无微不至，喝水、吃饭样样都是端到她面前来；穿衣、洗澡都是母亲帮她。她整天坐在轮椅上，除非等她父母下班回家推着她出去走一趟，一个人是绝不出门的。就这样，女儿还时时发火，摔家里的东西，父母实在搞不懂为什么会这样。其实，女儿自始至终被看成是丧失了任何能力的残疾人，而父母剥夺了她活着的价值！

一个残障的孩子，很容易对自己产生怜悯，对自己的未来产生畏惧心理，甚至悲观失望。家人对他的特意呵护，只会加重他的这些感觉，更加使他对自己失去信心。

我们应当松开对孩子的束缚，让孩子有更多的机会去闯荡，以增强他们的自信心。让孩子根据自己的条件，尽量地培养自理能力，发挥自己的潜能，使自信心在能力的支柱上成长。

20. 甘自苦中来

（1）无忧的“小帝王”生活使孩子长大后难以有所作为。当今的孩子，物质丰裕，文化生活充实，唯独缺少吃苦精神。有的家长为孩子的学习安排了“家庭教师”，生活上还有“保姆”，有些家长甚至为孩子今后的生活做了充分的物质准备，要车有车，要房有房，吃穿不愁，无忧无虑，不知父母稼穑之艰难，劳作之艰辛。这样的孩子一旦走出父母编织的“网”，只会坐吃山空，在竞争日益激烈的社会中很容易被淘汰，父母铺就的光彩大道最终会对孩子贻害无穷。

（2）对待孩子碰到的困难，家长应采取恰当的方式。对孩子完全能做到的事情，家长应放手让孩子去做；对那些对于孩子来说有一定的困难，但经过努力能够做到的事情，家长要鼓励孩子想办法克服困难，让孩子尝到用自己的汗水浇灌出来的成功的甘甜，这时家长绝对不能心软，因为这时的硬心肠将造就明日的栋梁，软心肠将造就庸才；对于孩子来说难度特别大的事情，家长应予以适当的指导；完全不可能做到的事情，要教会孩子学会放弃，但可以将之作为努力的方向。

（3）让孩子锻炼的面要广。无论是学习、社会生活，还是日常生活中的困难，都要让孩子去体验。让孩子在劳筋骨、尝痛苦中学会坚强，使孩子在不断克服困难的过程中磨炼出坚强的意志，在日后与风浪的搏斗中屹立不倒。

父母应切记以下两条：

（1）越是伟大的事业，越需要创业者具有坚强的意志，让孩子吃点苦，有利于培养孩子的意志。意志指自觉确定目标，并在实现目标的过程中努力克服困难的心理活动。意志是非智力因素的重要成分，是人的主观能动性的突出表现形式。在意志的结构中，决心、信心、恒心是三个重要的心理因素，它们相互作用和渗透，共同制约着人的意志行动。意志的突出特征就是克服困难和与目标相联系。越是伟大的事业，越是需要创业者具有坚强的意志。

（2）在艰难困苦中更易成才。因为艰难困苦的环境能磨炼孩子的意志，他们会为了生存而克服各种困难，奋斗不止。为了取得成功，他们须经受得住失败的考验，因此，他们能克服自己的弱点，能忍受他人难以忍受的艰难，也就能更好地解决问题，获得成功。

据说，20 世纪 50 年代，一批美国心理学家特意选择居住在环境险恶、生活极端贫困的美国夏威夷考爱岛上的 700 名幼儿，建立研究档案，对他们的成长进行跟踪研究。出乎意料的是，这些孩子的身心发展十分健康，如今这些人经过自身的艰苦奋斗大部分都跻身于社会上层。

21. 怎样激发孩子的学习兴趣

经常听到家长说孩子对学习没有兴趣，只对玩有兴趣，怎么玩都玩不够。怎样才能让孩子对待学习就像看电视、玩游戏那样投入呢?

（1）家长要从小启发和引导孩子的求知欲。孩子在3~5岁时特别爱问"为什么""这是怎么回事"，他们所问的问题千奇百怪，无所不问，例如："电灯为什么会发亮?""计算器为什么会计算?""小鸡为什么有两条腿，而小狗却有四条腿?"面对这些问题，有些家长说自己头疼，为了不让孩子缠得没完没了，就把他们交给电视和录像了。其实孩子早期提出的这些问题恰恰是孩子求知的萌芽，家长面对孩子一个接一个的问题，首先应该耐心地用通俗易懂的语言解释，引导孩子看《十万个为什么》，从中寻找答案。多带孩子到大自然中去，让孩子对一些自然现象有感性的认识。如果孩子没有提什么问题，家长还要主动给孩子讲一些为什么。不要以为孩子小，听不懂，孩子恰恰是在似懂非懂的时候，了解了许多知识。曾有心理学家建议家长给十个月以内的婴幼儿朗读一些儿歌、故事等，对增加婴幼儿脑细胞的信息量有很大作用。所以，家长不要以为孩子还不懂事而忽略对他们的教育，孩子的大脑是非常活跃的，不能忽略从小对他们的教育。

（2）家长要充满热情地鼓励孩子的学习兴趣。曾有一位家长让自己两岁半的孩子学绘画，原意是想培养孩子对绘画的兴趣，可当家长看到孩子把小鸟画成了一个大黑疙瘩时，就忍不住说："太笨了！画的是什么呀?"还有一位家长看到孩子在作文中作了不恰当的比喻，就对孩子大加讽刺。家长这样的态度对孩子学习的积极性是很大的打击，因为家长是孩子心目中第一个有权威的评价者，他们特别渴望得到家长的肯定，可是家长们往往没有意识到这一点，结果摧毁了孩子的求知欲。当孩子做得好时，应表扬孩子；当孩子做得不好或者失败时，要先发现孩子有创造性的一面，然后再鼓励孩子，家长不应吝惜自己的赞美之词。

（3）对于因学习困难而对学习不感兴趣的孩子，家长要耐心地帮助孩子找到困难的原因，帮助孩子掌握科学的学习方法，不要对孩子失去信心。有的孩子在课堂上注意力不集中，课后作业不会做，家长讲了几遍，孩子还是不懂，家长往往就没有耐心和信心了，说孩子不用心，没有希望了，严重的还打骂孩子。这样就形成恶性循环，孩子越发对学习不感兴趣了。对于有学习困难的孩子，家长在无奈之余可以找心理医生检查评定孩子的学习能力，发现孩子的问题所在，用科学的方法来矫治。

22. 怎样增强孩子的记忆力

青少年的记忆分为机械识记和意义识记。

机械识记主要是依靠机械重复而进行的识记。在学习中，虽然机械识记也是必要的，如对一些历史年代、数据、人名等内容，需要多次重复才能精确地记住它们。但是，从总体上来说，机械识记是不理解识记材料，不考虑识记材料的意义联系，也不对材料重新进行组织的识记。

意义识记主要是通过对材料的意义及其内在联系进行学习而实现的。初中生应该揭示材料的意义及其内在联系，进行加工、组织，将材料纳入已有的知识系统中，即按自己的经验体系或心理格局来进行编码，将材料意义化。所以，意义识记由于反映了事物的本质和内在的联系，它的效果远比机械识记好。

初中生机械识记的能力随着年龄的增长而逐渐下降，而意义识记的能力是随着年龄的增长而逐渐增强的。学生随着年级的升高，理解能力也在不断增强，因此大部分学生都能采用一定的方法，人为地加强机械材料的意义联系，力求提高记忆效率，使自己的识记能力能适应学习的需要。

家长可以运用以下方式增强孩子的记忆力：

（1）理解记忆。理解记忆即意义记忆，它是记忆的基础，理解记忆所用时间短、效果好。

（2）兴趣记忆。可通过编故事、做游戏、口诀、谐音等方式把枯燥的东西变得生动些。

（3）联想记忆。使用接近联想、关系联想和对比联想进行记忆。

（4）反复记忆。遗忘的规律是先快后慢，因此掌握后还要不断反复记忆。

（5）协同记忆。记忆过程中，手、脑、口、耳等共同参与，效果会更好。

（6）系统概括记忆。在对材料分析的基础上，用列表、提纲的方式把知识条理化、系统化，这样可以提高记忆效果。

对事件的材料不能再认识或回忆，或者对材料错误的再认识或再现就叫做遗忘。一般来说，识记后最初一段时间遗忘较快，此后遗忘速度减慢，并稳定于一个水平。识记 24 小时后，遗忘率已经相当高了。因此，新学习的知识一般在当天复习，效果最好。遗忘受识记材料及识记者状态等多种因素影响。虽然遗忘会给我们的学习和生活会带来一些麻烦，但是遗忘对个体有着重要的作用，是必不可少的。例如，对于一些无用的信息，遗忘就是必要的。人一天接触到的信息很多，如果所有的信息都不能被遗忘，人的信息储存的负担就会很大。防止遗忘，主要是要避免遗忘有意义的知识和信息。

23. 怎样培养孩子的观察力

初中生观察力强的标志是：在观察活动中，能够克服年龄小、知识经验不足的缺陷，做到观察仔细全面，不遗漏主要细节；观察准确，能发现事物之间的微小差别；观察迅速，能较快地抓住事物的主要特征；观察中有创造性，能在别人习以为常的现象中发现新问题。

培养孩子的观察力可以从以下几方面着手：

(1) 确定具体的观察目的。目的越具体，注意力越集中，观察越全面。

(2) 培养兴趣。有兴趣才能全神贯注，才能迅速、深刻、完整地感知观察对象。

(3) 不断丰富自己的知识经验。知识越是渊博的人，越容易观察到有意义的东西。积累知识与观察能力的培养是相互促进的。

(4) 各种感官协调活动。学习时要做到五到，即眼到、耳到、手到、口到、心到。

(5) 观察要有条理、有深度。有条理即按先后、空间、结构、特征进行观察。有深度是既注意事物的外显特性，又注意其隐蔽特性；既注意意料之中的事，又注意意外情况。

(6) 观察要有分析和比较。要发现细微差别和共同特征，使观察有一定深度。

(7) 对观察结果进行记录、整理，得出规律性的东西。

(8) 培养良好的观察习惯，即观察的敏锐性、精确性、整体性、持久性。

观察力的培养目标包括以下四项：

(1) 观察的目的性增强。儿童时代虽然也在有意识地观察有关事物，但从总体趋势上看，儿童的观察往往是被动的，甚至是在教师、家长的督促下进行的。进入青少年时代，自我意识增强了，智力活动的自主性显著地发展起来，甚至产生“摆脱”家长对他们观察活动监督的意向。

（2）观察的精确性提高。儿童期对事物细节的观察是比较模糊的，往往只注意到事物的某些突出的特征，而忽视了较隐蔽的细节。进入青少年时期，他们对事物的观察已不仅能注意到其显著特征，而且能注意到事物不易觉察的细节。

（3）观察的持久性发展。对儿童来说，无意注意占较大比例，因而观察的持久性较差。进入中学阶段，由于有意注意进一步发展，因而中学生远比小学生更能够独立而专一地完成观察或其他学习任务。当然，中学生的观察持久性的发展，除了与年龄特征有关以外，还取决于观察的任务。

（4）观察的概括性增强。儿童观察事物，往往注意其表面特征，不善于概括和揭示隐含在其中的本质特征。进入初中阶段，由于抽象逻辑与辩证逻辑思维的发展，中学生的观察力逐步深刻和全面，因而概括水平大大提高。

24. 怎样培养孩子的想象力

丰富的想象力能够帮助孩子认识事物，憧憬未来，掌握知识。

有的家长会说："我没有培养孩子，孩子不也很有想象力吗？"的确，在幼儿时期，孩子的想象力已经得到了迅速的发展，但那只不过是无预定目的、不自觉情况下产生的想象。比如，看到白云就会想到某种动物；闻到香味就会想起吃蛋糕……

孩子上学后，就开始接触有指示目标的想象，最典型的例子就是命题作文。老师提供明确的写作范围、要求，在这个基础上，孩子只有充分发挥想象能力，才能使文章生动、详尽。

怎样培养孩子的想象力呢？

（1）激发孩子的好奇心，使孩子多想、敢想。

孩子对世界上的一切事物都是充满好奇的，好奇心可以引发一个有价值的想象。瓦特小时候看到壶盖被水蒸气顶起来，就觉得特别好奇，当他知道原因后，就能大胆地想象：一壶水可以掀动一个壶盖，那如果有很多的水，它所产生的水蒸气该有多大的力量呢？这段经历对他今后发明蒸汽机是非常有帮助的。

（2）建立广阔的知识背景。

一个人无论如何想象，其内容始终来源于现实。人的知识越丰富、生活经验越多，那么构成想象的材料也越多，想象的质量就越高。这就像当只有木头和稻草时，搭出的只不过是窝棚；而一旦有了钢筋、水泥等各种新型的建筑材料时，那建起的将是高楼大厦。所以，要让孩子有一个广阔的知识背景作依托，他才能去自由地想象。

（3）提高孩子的语言表达能力。

词汇丰富、语言能力强的孩子，其想象力就丰富；语言能力差的孩子，对想象的描述往往是乏味的。对孩子语言表达能力的提高一方面要鼓励他们敢想、敢说，另一方面要让孩子掌握更多的词汇和一些描述技巧，如比喻、对比、夸张等。

（4）要提高孩子的思维能力和观察能力。

观察能力通俗地说就是“会看”。要让孩子学会有目的、精确而敏锐地看，可以先从看静物开始观察其大小、颜色、形状等；然后再看动物，观察它们的外形、动作；最后再看人，看人的外貌、行动、神态，听语言等。观察为创造想象提供了条件，使想象的内容更加丰富、完整和系统。

（5）培养孩子的操作技能。

当孩子突发奇想时，不妨让他动手试试。比如，有个孩子下雨时穿雨衣，发现水总是顺着雨衣滴到他的鞋里，他就想：如果雨衣的底边能像救生圈一样充气后鼓起来，那么雨就不会再滴到鞋子里了。虽然这是一个大胆的想象，但这个孩子真的去做了，而且取得了成功。所以说，孩子操作的过程，也是对其想象力进行检验和修正其认识的过程。

25. 怎样培养孩子的创造性思维能力

21 世纪将是一个科技高速发展、日新月异的时代，所需要的也将是更富创造力、更有开拓精神的人才。对于这一点，很多父母已经提前意识到了，他们希望能尽早、尽好地培养孩子的创造能力。

要想培养孩子的创造能力，就得先从培养孩子的创造性思维能力入手。

我们平常熟悉的一些发明家、艺术家、企业家，虽然他们都表现出了超人的创造力，但其创造力不是天生的，是后天培养出来的。如果我们注意培养孩子的创造性思维能力，那对于他们今后的事业发展是有很大益处的。

（1）灵活性的培养。

思维的灵活性是指人在解决新问题时，能灵活运用已掌握的知识，摆脱旧的思路，设计出新的解决问题的方法和途径，以达到解决问题的目的。

（2）创新性培养。

思维的新颖性是指人在解决问题时，能够探寻更加合理的新方法、新途径，设计更加有效的方案。

如吹肥皂泡是每个孩子童年都玩过的游戏，明明的爸爸却要求他设计出三种把泡泡吹多的方法。明明反复试验，他在粗笔管里塞上四五个细吸管；还把泡泡吹到桌面上，然后再在大泡上吹出小泡；还把泡泡吹在一个小铁环上，然后一个接一个，成了一串灯笼式的水泡……这种用新方法解决旧问题的训练，对孩子来说是具有挑战性的。

（3）批判性的培养。

具有思维批判性的孩子，一般表现为对别人不盲从，能根据客观事实检查自己或别人的思维过程及其结果的正确与否。在小学阶段能有这样的思维品质是非常难得的。

当我们的孩子提出与大人或者书本相反的意见时，我们不要马上否定他的想法，而是力争从他的想法中找出合理的因素并对其加以肯定。

（4）联系性的培养。

任何事物之间都存在着联系，这种普遍存在的联系性，也为思维的联系性提供了可能。

帮助孩子发现事物之间的联系，可以收到意想不到的效果。

比如，画一个圆，让孩子根据这个图形说出10种事物。

又如，给出8和2两个数字，让孩子说出所产生的联想，孩子会说8+2=10；8比2多6，2比8少6；8是2的4倍，等等。

（5）发散性的培养。

发散性是指人在遇到问题时，能多角度地进行分析，从不同方向探索解决问题的不同方法和途径，设计出较多的具有新意的方案。

“龟兔赛跑”的故事家喻户晓，可以让孩子用“龟兔又一次赛跑”为题讲个小故事，这种给故事编结尾的方法是最普遍的训练手段。

需要注意的是，在训练时孩子会有多种想法，这些想法有好有差，要帮助孩子选择最佳的方案。同时还要让孩子明白，只有知识越丰富，运用越灵活，思维的发散角度才能越大。

（6）独立性的培养。

培养思维的独立性是最基础的一项。一个人如果不能通过独立思考去解决问题，总想求助于别人，是不会有自己的创造的。

现在很多家长都进入了陪读的角色，恰当的辅导学习是有益的，但不能对其指手画脚，甚至包办代替。要想培养孩子的思维独立性，提高自学能力是关键。

比如有的家长给孩子买来飞机组装模型，还没等孩子看明白，就自己连说带做地干了起来，说是指导，其实孩子在旁边什么也没干。家长一定要让孩子亲自动手，才能有助于孩子独立性的培养。

26. 怎样培养孩子学习数学的兴趣

（1）创造应用机会，激发孩子的学习兴趣。

数学是一门应用很广的学科，家长要让孩子了解数学知识的价值，从而产生学习兴趣。小学生刚开始学习数学会感到枯燥无味，应该从多方面启发，例如，一年级学生学了元、角、分以后，家长可以通过让孩子买小商品的办法熟悉元、角、分。高年级学生学了正方体、长方体等几何图形后，家长可以让孩子在家里实际测量家具、房屋等物体的面积，使他们在实地活动中体验到学习数学的重要性。这些方法可以加深孩子对数学知识的理解，使孩子了解到生活离不开数学知识；上述方法都可以提高孩子分析问题、解决问题的能力，在学用结合上激发孩子学习的兴趣。

（2）引导动手操作，培养孩子的学习兴趣。

孩子的特点是活泼好动，我们可以利用孩子的这一特点培养其动手操作的能力。例如，在学习圆环面积计算时，先让他们动手画一个半径是 6 厘米的圆，并剪好，再以这个圆的圆心为圆心画一个半径小于 6 厘米的圆，并将它剪去，这样手中得到的图形就是环形。然后，可进一步引导孩子联系操作过程得出：环形面积 = 外圆面积 − 内圆面积。这种从动手操作到语言叙述，再到导出面积公式的过程，就是由直观到抽象、由具体到概括的过程，孩子可以手脑并用，发现和解决数学问题，尝到探求知识的乐趣。

（3）创设问题情境，激发学习兴趣。

可以发挥教材中内在的潜力作用，创设问题情境，激发孩子学习的兴趣。例如，在教授三角形的种类时，当孩子已经初步建立了有关的概念以后，先向孩子露出一个角的直角三角形，第二个只露出一个钝角，当教师把这个三角形全部露出后，学生们发现原来仍是直角三角形或钝角三角形。这样就使孩子产生了悬念：为什么有一个直角的是直角三角形，有一个钝角的是钝角三角形，有一个锐角的就不能确定是什么三角形呢？在孩子积极探究这一问题的兴趣被激发起来以后，家长紧接着和孩子一起研究这一问题，这时孩子强烈的求知欲望已经成为一种求知的自我需要，为学新知识创造了良好的开端。

（4）开展竞赛活动，提高学习兴趣。

在练习中，同一类型的计算题可能使学生感到厌倦，变形的应用题可能使孩子感到头痛，因此，有的孩子往往对数学学习失去兴趣。家长应根据孩子的特点，特别注意练习的形式，使孩子在愉快的气氛中达到预期的训练效果。

开展多种形式的比赛活动，是提高孩子学习兴趣的手段之一，因为好胜心强、不甘落后是每个孩子的共同特征。在竞赛的过程中，这种心理因素能激发学生积极动脑、动口、动手，从而达到训练的目的，提高学习兴趣。家长要积极支持、热情鼓励孩子参加竞赛活动。

27. 怎样培养孩子学习英语的兴趣

在教育孩子的过程中，家长逐步意识到，孩子是新世纪的建设人才，必须掌握好英语，才能走向世界。但是，有些家长自己又不懂英语，怎么办呢？

（1）当孩子初次接触 A、B、C 时，他们都有一种好奇心和一股热情，这是培养兴趣的开始。家长们要细心地向孩子介绍学好英语的重要性。例如，学好了英语将来能够学习更多的科学文化知识，学习外国的先进科学技术，丰富自己的知识。

（2）及时给孩子提供良好的学习条件。跟孩子一起制作字母和音标卡片，孩子会很感兴趣、很认真，孩子若做得好家长应大加表扬，这样可以使他们学得快、记得牢。另外，还可以带孩子到书店去买一些深浅适当的英文小人书，或中英文结合的故事书，使他们不致因单读一种课本而感到枯燥乏味。

（3）当孩子接触到单词和句子时，务必主动给他们买一本《英汉小词典》。从小养成查字典的习惯，对学好英语，打好扎实的基础，有着极其重要的作用。另外，查字典的过程，也是学习和记忆单词的过程，在词典中，对每个词都有读音、词性、词义及其习惯用法等的说明。

（4）实践表明，凡是对英语感兴趣的学生，都可以培养自学能力，成绩也会稳步提高。例如，对进步大的学生，通过课外作业，布置他们背单词，建立英语单词“小小本”，除了课本单词外，还特别要注意“身边英语”的学习。比如，书包上的“Contest”（竞赛），铅笔上的“HB”（Hard Black），牙膏皮上面的“Blue Sky”，贺年卡上的“Post Of China”，信封上的“Air Mail”（航空邮寄），等等。由于这些“身边英语”都是实实在在的，因此孩子们很快就记住了。

此外，通过适当布置孩子观察、搜集、识记“身边英语”的任务，结合课本所学知识予以复习。如学习“形容词和副词的最高级”时，把孩子运动服上的TB（Ten Best，十佳）和Best联系起来，在学习“Physical Education”和“Publish”时，与学生课本封底上的“PEP”写作“People’s Education Press”（人民教育出版社）进行对照和比较。渐渐地，孩子们认识到英语在实际生活中的价值，学习兴趣也随之培养起来了。有的孩子学到日常生活中的单词后，喜欢在家人面前表现一下。如有一家人，夫妻二人和儿子一起看英文电视节目介绍，突然儿子向父母发问：这个英文单词是什么意思？家长想不到，以前英语成绩一直很一般的儿子，近来却一反常态，对英语着了迷，昨天才学了个录像机上的Made in Japan（日本制造），今天又问起其他的。可是夫妻俩都没学过英语，谁也答不上来。于是儿子又得意地讲这是什么意思，那又代表什么，夫妻俩在儿子面前又当了一回学生。家长们这时应注意，不要忘了鼓励孩子几句。只要能培养孩子的学习兴趣，成绩很快就可以上来。

培养孩子学英语的兴趣，其方法是多种多样的，关键是当孩子在学习中遇到困难时怎么办？

（1）上课认真听讲，这对于学习英语来说是个关键。老师讲的每一句话，都要很好地理解；每一个问题，都要积极思考，这才能紧紧跟上老师的进度。对老师所讲的内容，能心领神会，就会觉得这是极大的欣慰并乐此不疲。

（2）认真做练习。大量的口、笔练习，可使对语言的掌握达到熟练，以至不假思索就能得出正确答案。比如说，要把“He is a student.”这个句子改成疑问句时，已不必去背诵有关语法条文，就可脱口而出。

（3）认真联系实际。语言学习不是课堂上听听就会的，平常还要多听、多看、多讲，必要时借助有关广播、电视、录音等。书店里有初级的英语读物，故事性强，语言也很地道，可以通过这些读物掌握许多习惯用语。

总之，能够激发孩子学习英语兴趣的方法很多，只要他们学习目的明确、学习方法正确，一定可以学好英语。

28. 怎样培养孩子的音乐才能

“一个家庭里有音乐，并不意味着这家的孩子一定能成为音乐家，但一个家庭里没有音乐，那孩子就不可能成为音乐家。”要培养孩子在音乐方面的爱好和才能，必须有一个由美妙音乐点缀的愉快、活泼的家庭气氛。只有让孩子从小接触音乐，培养他们对音乐的兴趣，才能在音乐方面有发展的可能。

（1）音乐教育应尽早开始。

孩子的音乐教育宜早不宜迟。孩子一生下来，成人就会对他说话，尽管孩子一点儿也不懂。孩子学习音乐也是这个道理。3 岁以前的孩子，对外界的很多声音都还觉得新奇，此时，孩子的音乐教育应着重放在训练孩子对分类音乐的熟悉和辨别上。

（2）让孩子多听名曲，培养乐感。

让孩子从一出生就反复聆听名曲，既能起到安抚孩子的作用，又能让孩子熟悉乐音和旋律。我国有一位钢琴家，在她还是一个刚满月的婴儿时，她母亲就给她听唱片，听音乐时她会变得很安静。一曲过后，她会睁开眼睛左顾右盼，乐曲重响后她又安静下来。她母亲惊奇于这一发现，坚持给她放唱片，以培养她的音乐才能，这为她后来成为一名钢琴家奠定了基础。所以，坚持让孩子多听名曲，自然可以引起孩子对音乐的兴趣。

（3）要讲究音乐才能的训练方法。

许多家庭省吃俭用为孩子买钢琴，这当然是件好事，但也有许多父母逼着孩子弹琴，与孩子的关系很紧张，甚至弄得孩子害怕弹琴，这就适得其反了。那么，孩子的音乐教育应该注意什么呢？

父母不要从一开始就一心想让孩子成为音乐家。即便是确有音乐才能的孩子，也只有在全面教育的基础上加强专门训练，才有可能成为真正的音乐家。例如，一位日本钢琴家自幼接受专门训练，却忽视了其他方面的教育。他刚10岁就被称为“天才的钢琴家”，因而小学没读完就由母亲陪着进了外国的音乐学院，但他在儿童会演中的名次却不理想。专家对他的评语是：“在精通乐谱和演奏技术上名列前茅，但没有演奏风韵。这个孩子应该多进行孩子式的游戏，应该过与其年龄相称的孩子式的生活。”

此外，必须精心维护孩子对音乐的兴趣。孩子对音乐有自发的兴趣，如果成人对孩子强制影响太多，孩子会对音乐产生反感。孩子学弹琴，更多的是把它当作一种游戏。强迫性地长时间做一种游戏，就连成人也会觉得乏味。

第一，要自然、和谐地安排音乐环境，让孩子在轻松的气氛中，如吃饭时、游戏中、睡觉前接触音乐，父母切忌命令孩子一本正经地“欣赏”音乐。播放音量要适中，音量过大易让孩子产生烦躁感。播放音乐或练习演奏也不能太多、太久。如果孩子时时刻刻都处在音乐的环境中，反而可能对音乐麻木，失去兴趣。

第二，对孩子练习演奏的时间安排要合理。对孩子的训练要根据孩子的精力、课业负担、情绪状态作灵活安排，不一定每天固定时间布置非完成不可的任务。尤其是刚开始练习的孩子，不应一下子规定太多的任务，要给予鼓励，让孩子体会练习中的乐趣，逐步养成习惯，一点点地进步，才能持之以恒地练下去。

第三，在欣赏音乐或练习弹奏前后，可把有关乐曲的生动故事和感人之处讲给孩子听，让孩子谈谈听完音乐或练习之后的感受。

第四，为孩子选择乐曲，应以经典名作和明快健康的音乐为好。

第五，为孩子选好乐器。许多家长不知道该让孩子学习哪种乐器。如果从发声的角度来说，只要一弹就能出声的钢琴当然比小提琴要容易。一般而言，先学习键盘乐器为好，比如钢琴、电子琴、手风琴。这类乐器有固定音高，易于训练初学者的辨音能力。当然，学习任何乐器都应注意正确姿势和身体健康，不应妨碍孩子身体骨骼的正常发育。另外，为了保持孩子的兴趣，可以从孩子自己最喜爱和最想尝试的乐器开始学起。孩子最喜欢的乐器就是最好的乐器。

29. 怎样勇敢地面对学习困难的孩子

有些孩子智力正常而学习效率低下，学习处于持续困难状态。随着孩子年龄的增长，易出现“学习困难”现象，到了初中，学习困难者可能占23%左右，即使学习成绩中等的孩子，也存在不同程度的学习困难。就家庭而言，相当数量的家长在对待学习困难孩子的问题上，至少存在着以下五种弊病：

（1）“亡羊补牢”。患此“病”者平时不关心孩子的学习，不留意孩子学习过程中的异常现象，即使发现孩子学习上有问题也掉以轻心，待到孩子学习成绩明显下降时，才大吃一惊，想方设法补救。但此时孩子学习上困难已较严重，补救难度较大。

（2）草率对待。患此“病”者往往只看孩子学习结果，不考察学习过程，更不深究其原因，简单笼统斥之为“不用心”，主观判定是“基础差”，片面加罪为“玩心重”。于是用“陪读”来督促孩子专心学习，用加重作业来“捆绑”孩子手脚，制约“玩心”，以简单替代“帮助”孩子解除学习上的困难，请家教“开小灶”来补缺补差，甚至用物质刺激加训斥打骂，软硬兼施。由于家长不明情由，不能对症下药，往往收效不大，甚至事与愿违。

（3）“一叶障目”。患此“病”者主要对孩子评价有偏差，以学习成绩作为唯一标准，以致只看分数，不见其他。往往把学习成绩低下视为笨拙低能，对其潜能和长处没有留意观察。家长的偏见挫伤了孩子的积极性和自信心，使孩子更加自卑消极，后果十分严重。

（4）推诿抱怨。患此“病”者大多宠爱孩子，对孩子学习困难，不从自己和孩子身上找原因，不是推托自己工作忙、家务重、没时间，就是抱怨学校办学水平低、教师教学能力差，甚至责怪班主任不尽责。往往不是想方设法帮助孩子解决学习上的困难，而是挑班级、拣教师，结果事与愿违，甚至加剧孩子的厌学情绪。

（5）悲观失望。患此“病”者主要缺乏帮助孩子克服学习困难的能力和方法，感到束手无策。因对孩子的期望落空而悲观叹气，以致对孩子的学习放任自流。有的因孩子学习困难而夫妻争吵，甚至歧视、迁怒孩子。结果有的孩子由厌学发展到逃学；有的孩子在不良诱因影响下，成为“双差生”，误入歧途。

弊病远不止上述五种，家长必须勇敢地面对学习困难的孩子，掌握帮助孩子克服学习困难的技巧。家长应从以下四个方面帮助孩子克服学习困难：

（1）营造激励孩子努力学习的家庭氛围。研究表明，家庭氛围对孩子起着潜移默化的影响，对孩子的学习同样如此。因此，家长应注意以下四点：一要对学习困难的孩子表示理解和宽容，不要整天唠叨，不适当地对其施加压力，更不能对孩子的前途感到悲观失望，甚至讲出“没出息”“没有用”之类的语言刺激孩子，或以“傻瓜”“笨蛋”之类的语言侮辱孩子。二要为孩子安排一个安心学习的“角落”，创造鼓励孩子学习的环境。三要以家长自身好学的示范行为影响孩子，形成充满书香的家庭氛围。四要有意识地对孩子进行暗示性教育。诸如选择社会上、亲朋好友中后来居上和学有所成者的事例，让孩子从中受到启发和教育。

（2）对孩子进行必要的补缺补差。家长有责任请合适的教师进行补课辅导，帮助孩子选择一些适当的辅导学习资料，在教师指导下自学，及时弥补基础知识的缺漏和解决基本技能上的问题，克服难点和障碍，为后续学习作铺垫。切忌“填鸭式”的“催肥”、“速成”，防止过度加重孩子的学业负担。

（3）矫治孩子不良的学习习惯。如矫治孩子不能按时完成作业的弊病，先要制定起码的“规矩”：作业天天“清”，完成作业再玩。接着督促孩子按“规矩”做，严格要求，绝不姑息放纵。待孩子矫治一个不良习惯后，再有目的、有计划地矫治其他不良习惯。

（4）努力发现和发展孩子的潜能。每个身体和心理正常的孩子都有其潜能和某种优势。积极创设表现和发展潜能的条件及机会，帮助他在实践中认识到自己在某一方面的优势和长处，就会树立其自信和求成长、求发展的意向，并把实践中发展起来的智慧、才能和积极情感迁移到学习方面，消除认知、情意和行为上的障碍，促进其学习水平的提高。

30. 怎样帮助孩子提高听课效率

怎样听课才能提高效率?

（1）做好预习，明确听课目的。预习是学好新课并取得优良成绩的基础。课前预习可明确听课的目的，使听课注意力集中在课程重点上。

（2）上课做到五到，即心到、口到、眼到、耳到、手到。现代心理学表明，各种感官同时参与活动，对于提高大脑工作效率极为重要。

（3）不但要学习知识，而且要注意学习方法。在课堂上，让孩子向老师学习科学的思维方法，不仅理解老师的讲课内容，还要跟老师学习分析问题、解决问题的逻辑思维方法。

（4）要敢于质疑问难。讲课是一种双向活动，既有教师讲，也有学生问。应鼓励学生大胆质疑，养成提出问题的习惯。

（5）课堂做笔记不可少。心理研究表明，记笔记有助于指引注意力，有助于发现知识的内在联系，有助于建立新旧知识之间的联系。做好笔记须注意三点：

①注意力集中。上课似听非听，总是不专心，听不懂老师的讲解，自然也做不好笔记。即使随手记下一些东西，也是不成系统的。

②笔记要有重点。老师讲课有主次，因此笔记也应有详略。不分重点地将老师的话全部记录或没有联系地乱记都不是记录的好方法。应将本课的重点、难点和自己不明白的地方或自己认为掌握不够好的地方进行重点记录。

③记录形式多种多样。在书上或笔记本上画线（直线、曲线）、圈点、作标记、使用不同颜色的笔、记录不同的格式、书写不同的字体，这些都是记笔记的好方法。如果很好地运用就会使笔记产生一种美感。

31. 怎样帮助孩子养成做题后检查的习惯

有些家长可能对这个问题不以为然：检查还用教？

当然，看看孩子平时的作业、考试试卷，就会发现一些题是不应该做错的，但每个孩子都会出现差错。所以，学会检查所做的题，就等于掌握了一个重要的学习方法。

（1）让孩子明确检查的意义。

让他知道检查是整个学习过程中的一个环节，不是可有可无的。比如，某宇航飞船载着宇航员上天后发生事故，原来问题出在设计程序时，工作人员点错了一个小数点，导致船毁人亡的惨剧。同时，也应该结合孩子学习中的实例，让他提高检查的自觉性。尤其是当孩子因为一个小的失误而懊悔的时候，给他讲这个道理效果会更好，我曾看见一个家长在他孩子的铅笔里贴了一张纸条，上面写着："满分是检查出来的。"像这种形式的强调是很有针对性的。

（2）要重视作业的检查。

孩子每天都要做作业，每一次写作业都是培养检查习惯的好机会。低年级学生的家长可以适当地参与检查，但不是直接告诉孩子错在哪儿，而是指导他独立地完成。比如，先让孩子自己查错在什么地方，然后说说错误的原因是什么，如果在同一种类型题目上连续出错，那么家长可以告诉孩子这是他的薄弱环节。该如何解决？家长不妨出一道类似的题，让他做一做，看看是真的马虎，还是概念理解上有问题。孩子只有平时养成了做完作业后检查的习惯，考试后才能自觉地去检查。

（3）要教给孩子检查的方法。

这里有几条经验，家长不妨尝试一下。

①按一定步骤进行检查。检查不能只查做过的题，先要看看有没有漏做，这就需从题号开始，尤其是一道大题中包括的若干小题，应该特别注意。比如，语文阅读短文练习经常会出三四个小问题，总有孩子少做，这就是没有按题号检查的结果。检查完题号，要重审题目要求，有些孩子不认真审题，如果考试换了一个要求，这部分孩子就容易出错。

②笔尖指读。在检查时，要让孩子用笔尖指着每一个字去读，尤其是中低年级的孩子还不具备过硬的阅读能力，经常有孩子读一句话落了一个字，这个时候你只有让他指着句子，一个字一个字地读，他才会发现问题。

③要动笔验算。很多孩子检查时，大多用眼睛看，这样检查效果很不好，因为有时人的思维会出现定式，也就是俗话说的“一根筋”，不动笔去实践，是不易查出来的。数学题验算还可以运用互逆法、改律法和代入法。

最后，要让孩子做到持之以恒。任何良好的习惯都是经过长期严格要求、反复训练才养成的，所以不要放松每一次的练习。

32. 怎样帮助孩子进行考前复习

复习考试阶段是学生最紧张的时段，怎样帮助孩子复习也自然成了很多家长关心的话题。

在这个时候，有些家长比孩子还着急，四处找练习册、试卷让孩子做，然后又批又改，忙得不亦乐乎，所以家长感叹道："真不知是谁在上学啊!"如果孩子考得好，也不白费父母的一番心血，可大部分孩子的成绩不见提高，有时甚至还会下降，真是让人百思不得其解。

那么怎样才能帮助孩子复习呢?

如果孩子平时学习比较差，千万不要盲目找题来做，或者说根本不用找题做。孩子差在基础知识上，短时间内想要有所提高，就要紧紧抓住课本不放，把握课本中最基本的概念，把定义、生字词、课后练习弄懂吃透。先不要去想怎样提高，能完成这些内容对一个平时学习较差的学生来说，负担已经不轻了。

复习开始时，每个孩子都较重视，所以家长要让他始终保持良好的状态，让他坚持到底，这样才会有好的收效。

如果孩子是中等生，那好的复习方法就太重要了。因为中等生一努力就可以迈上一个台阶，而稍微一松懈就会落后，所以中等生的复习要讲求方法和效率。

孩子复习时要有详有略，会的不多提，不会的重点突破，翻一翻他平时的作业、练习卷，看看都错在什么地方，有没有概念问题。这种有的放矢的复习才是科学的。

如果您的孩子学习优秀，那复习的角度和目的就要有所改变，要把复习当成提高孩子学习能力、激发学习兴趣的机会。这里介绍两种方法。

（1）猜题法。家长把复习内容分成若干个单元，先让孩子自己按单元复习，然后问问孩子："你认为什么地方是重点?"知道了孩子心目中确认的重点，据此再帮助孩子整理出复习重点，就能达到预期的效果。另外，这样做还能让孩子比较一下自己认为的重点和老师认为的重点之间有什么差别，从而纠正自己不恰当的想法。

（2）自考法。平时都是父母出题，孩子解答，如果家长给孩子一个机会，让他自己出张卷子，会怎么样呢?首先他会很兴奋，因为他觉得很新鲜，然后他会寻找他所要的题，这就是对知识的一个很好的复习。接着，他把自己认为很重要的部分写下来，这时会有一个很有趣的现象，小孩总喜欢将自己最了解、最擅长的知识变成问题，想以此表现一番。这样，孩子在学习上的虚实父母不就了如指掌了吗?以后父母就可以专找孩子的弱点来辅导，对症下药。

33. 怎样对待孩子的试卷

考试是学习过程中非常重要的一个环节，是对孩子学习效果的一个检验，也是家长了解孩子学习状况的主要途径。

孩子把试卷带回家，家长最关心的总是分数。分数固然可以反映孩子的学习水平，但家长在看分数时，要想到两个问题：

（1）不要仅从分数上看进步，更要关心这次考试班里的整体水平。每次考试内容的难易程度是不一样的，同样是 95 分，这次可能在班里名列前茅，下次可能就是中等水平。如果不知道孩子在班里所处的具体名次，可以以跟自己孩子水平差不多或稍强一点的同学为参照，这样也能知道孩子的水平。

（2）想一想在这次考试中孩子的学习态度如何以及付出了多大的努力。“100 分和 100 分是不一样的”，有的孩子的 100 分是老师讲一遍就得到的；有的孩子的 100 分是在家长反复辅导、多次纠正的基础上得到的，这两种孩子的学习水平绝对不能相提并论。后一种孩子到了高年级，很容易变成我们所说的“高分低能”。

有些家长拿到试卷后，马上就发表议论，每次都说一样的话，如学习不认真、不好好听讲等。这样的话说多了等于没说，起不到什么作用。所以要帮孩子分析好试卷，其步骤是：

（1）把卷子内容按“双基”内容分成两大类。以语文为例，比如看拼音写词、组词、默写、造句等，这些只要平时练习过的，都是基础知识；作文、阅读短文、句式练习就属于基本技能，需要认真分析孩子答错的原因。

（2）看孩子答错在哪一部分。如果是基础知识方面的，说明平时练习不够，知识有漏洞；如果是基本技能方面的，一种可能是孩子的思维不够灵活，另一种可能是没有掌握正确的方法。

（3）针对不同类型的问题进行训练。基础知识的问题可以采取听写、比较等方法巩固正确的概念；基本技能就比较复杂一些了，因为很多东西要靠平时积累和老师上课讲解，家长可以让孩子复述做题的思路，从中进行纠正。

（4）进行学习态度的教育。几乎所有的考试成绩都比孩子的实际水平低，我们经常说的马虎，其实就是学习态度问题。有的孩子做完题后东张西望，心思已不在考试中；有的孩子甚至把试卷倒过来，显出一副不耐烦的样子，这些都不利于孩子正常水平的发挥。要让孩子明白，检查是考试的一部分，不是可有可无的，“完成”只不过是最低的标准。

（5）有心的家长要保留好孩子平时的试卷，让孩子准备一个记错本，把平时所犯的错误记录下来，等到期末复习阶段，就知道什么是复习的难点、重点了。

34. 孩子学习落后怎么办

没有一个家长愿意看到自己的孩子比别人差，但往往在发现自己的孩子学习落后时，已经有些晚了。孩子学习落后不是一天形成的，很多坏的习惯已经养成了，要纠正起来是需要付出一定努力的。但是，也不要灰心，小学阶段的知识内容毕竟不是太复杂，落后只是暂时的。只要家长有帮助孩子渡过难关的决心，孩子就一定会迎头赶上的。

要想知道怎么对待学习落后的孩子，必须先搞清楚孩子为什么会落后。

阻碍一个孩子正常地接受知识的原因，大体上来说有两个方面：先天和后天。先天是指因早产、遗传、生病等因素造成孩子智力偏低而形成的学习障碍。这部分孩子不同于弱智者，从平时的行为、外观上来看与普通孩子并没有什么区别，只是接受能力差、阅读困难以及缺乏自制力。对于这样的孩子，一方面需要医生的治疗，另一方面家长要有耐心，采用多种游戏的方式，激发孩子的学习兴趣，多巩固、多启发。中国俗话说得好：笨鸟先飞早入林。

实际上，大多数孩子学习落后是后天造成的。原因也可分为两部分：客观原因和主观原因。

（1）客观原因。

造成孩子学习落后的客观原因，概括起来有以下几个方面：

①缺乏良好的学习环境。如果这边开着电视，那边大声地打麻将，在这样的环境中学习的孩子，精力是不可能集中的，孩子没有一个专门学习的地方，书桌上摆满了乱七八糟的东西，这是很容易分散孩子注意力的。

②父母不正确的教育思想。有些家长觉得学习是该学校管的事，而忽视了家庭教育。平时对孩子的学习不闻不问，一拿到试卷，看成绩不好，就痛斥孩子几句。还有些家长，平时忙于工作，无暇顾及孩子的学习，明明知道

孩子学习有问题，也力不从心。另外，像一些离异的家庭，大人连自己的事都顾不过来，只求孩子别出大事，别的能不管就都不管了。

除此之外，还有一些家长所采取的方法比较生硬、粗暴，造成孩子的逆反心理：你让我学，我偏不学！尤其是独生子女很任性，所以教育时更需要讲求方法。

（2）主观原因。

客观原因对孩子的学习是有影响的，但孩子自身的主观能动性是至关重要的。我们都知道内因是根据，外因是条件，外因通过内因起作用。一个孩子落后了，主要是他自己造成的。

我们现在把学习上有困难的孩子叫学困生。学困生一般都是厌学的。厌学的原因很复杂，有的是基础没打好，基础不扎实导致越往后学，问题就越多，最后索性不学了；有的是没有养成良好的学习习惯，像在听讲、预习等方面都显得很被动；还有的孩子注意力被吸引到了别处，像漫画书、游戏机、玩具等，心思没有放在学习上，这也是厌学的原因。对于学习落后的孩子，家长应该做到激发兴趣、确立目标、严格监督。孩子对学习没有兴趣，也就失去了学习的动力，因此第一步是要激发孩子的学习兴趣。

目标对孩子来说也是十分重要的，这是给孩子一个努力的方向，目标的制定要符合孩子的实际情况。对成绩经常不及格的孩子要鼓励其达到 70 分。但是，目标也不能定得太低，得让他跳一跳才能实现。而且每个学期都要有目标，每个月、每个星期也要有目标。比如，还是那个成绩经常不及格的孩子，每个星期制定的目标可以是得一个 2 分、两个 3 分，其他是 4 分，最好能有一个 5 分。这样的标准如果达到了，再巩固两三个星期，就可以接着要求：消灭 2 分，一个 3 分，两个 5 分，其他 4 分。这样孩子就能一步一步前进。

一个孩子懒惰成性时，想让他紧张起来，就必须严格监督，家长帮助他制订的计划一定要完成。要想使孩子有所提高，首先家长要有信心和毅力，孩子的学习成绩不是抓一下就能提高的，需要反复多次的监督和帮助。如果中途灰心了，那情况就会越来越糟。家长只要下决心抓好，孩子成绩落后的情况就会改变。

35. 为什么孩子刻苦学习但成绩上不去

有些学生是公认的好学生，守纪律，懂礼貌，做事认真，可成绩总提高不了。对于这样的孩子我们经常持同情的态度。是什么因素阻碍了他们呢？

一般来说，学习可以分为四个环节：预习、听讲、练习、检验。其中最重要的是听讲。其他三个环节我们很容易就能知道结果，唯有上课听讲是一个积累的过程。也许一节课看不出什么，但一两个月后，听讲的结果就自然会拉大学生成绩的差距。会听讲的孩子对知识能举一反三、运用自如，而不会听讲或不听讲的孩子，却很可能难以进入下一阶段的学习。有些孩子上课不回答问题，胆子小，这样就会在思维的广度和深度上出现局限。

这样的孩子，除了上课听讲有问题以外，还有一个弱点，就是知识面很窄。随着年级的增高，知识的深入，要求孩子有相应的信息量。孩子刚一出生，能力水平差不多，但越往后，智力差距拉得越大，这与客观刺激有很大的关系，也就是我们常说的“只有见多才能识广”。孩子不能只盯着课本，要开阔视野，注意信息摄入的数量，信息量越大，思维就越活跃，学习起来也就越轻松。

事实上，在我们的周围，“努力而得不到好成绩”要比“不努力而得到好成绩”更常见。因此，父母应教导孩子如何更有效地用功、努力，不能让他有“只要努力就行，至于结果如何那全是运气”的想法；否则，孩子不但变得缺乏气魄，而且成绩也不会有所提高。

除此之外，有些父母的期望高于孩子的实际能力，也会出现很刻苦，但学习成绩仍无法提高的现象。比如有个孩子，各方面的能力都很一般，但他父母却要求他门门功课成绩都得在班上排前三名，这个孩子压力很大，也不知道应该怎样达到父母的期望。

虽然他能够完成老师、家长布置的作业，但实际上只是出于应付。只有量的增加，而不讲求质的提高，这种看似努力的学习，会极大地挫伤孩子的学习兴趣。我们总说要因材施教，对于不同的孩子要提出相应的学习要求，这当然并不是说要降低学习的标准，而是寻求一种更适合他的学习方法。让自己的孩子去和别的孩子相比较，并不一定要和最拔尖的孩子比。我们可以给孩子选择一个略强于自己的对手，与稍强一些的对手竞争会使成功更具意义，而且更为现实。

那些很刻苦但成绩上不去的孩子，内心也是充满了委屈和迷茫的，家长最需要做的一方面是树立起他们学习的自信心，另一方面是寻求好的学习方法。

36. 怎样给孩子辅导作文

小学生的作文大致可分为写人、写事、写景、命题作文、看图作文几类，以下分别介绍这几类作文的辅导方法：

（1）写人的作文。

①交代清楚他是什么人，如他的年龄、性别、外貌、职业、性情及与自己的关系。

②要写出人物的特点。就是要写出这个人与其他人不同的地方，只有把人物的特点写出来，才能给读者留下深刻的印象，文章也才能与众不同，有新意。

③要通过具体的事件来表现人物，绝不能像老师给学生写品德评语那样来写人。所选的事件要能充分表现人物的性格和品质。当把事情写好了，人物也就写好了。

④要抓住人物细微的动作及其变化，给予具体、生动的描写。即抓住细节刻画人物，使原来比较平淡、模糊的形象变得栩栩如生、有血有肉。

⑤在进行人物语言描写时，要符合人物的身份和性格，因为不同的年龄、职业、性格的人物，他们所讲的话是不同的，即使是同一个人，在不同的情况下所讲的话也是不同的。

⑥要紧紧扣住人物的特点和文章所要表达的中心思想来写人，不要想到什么就写什么，马虎拼凑，东拉西扯，更不能重复罗列，画蛇添足，使人看了不知所云。

（2）写事的作文。

①如果根据题目的要求选定了某件事，就要对这件事进行认真的回忆，并仔细琢磨、反复思考，挖掘出这件事所包含的生活哲理，或找出它闪光的

地方。

②要交代清楚时间、地点、人物、事件，让读者明白文章写的是什么人，在什么时候、什么地方发生了怎样的事。

③必须把事情发生的环境写清楚，因为任何事情总是在一定的环境中发生、发展的。环境写好了，写出特点来，还能渲染气氛，表达感情，使文章更生动。

④一般要按事情发展顺序，把一件事的起因、经过、结果写清楚，不能颠三倒四，还应把事情的前因后果、来龙去脉写清楚。

⑤记事中要围绕中心，抓住重点，不要面面俱到。重点部分（一般指事情发展高潮处）要详写，写具体，写详尽，给读者以深刻的印象。

⑥写事离不开写人。在记事过程中，一定要把人物的语言、神态、动作、心理活动等写细致、写逼真，这样才能表达出人物的思想品质，才能更好地表达出这件事所包含的意义，即文章的中心思想。

（3）写景的作文。

①写景要按方位顺序，由近及远，由远及近，由上而下，由下而上，由里到外，由外到里，或由中间到四周等有次序地描写，要主次分明，详略得当。

②可以按景物的类别来写，如山、水、花、鸟；瀑、石、峰、洞、亭、台、楼、阁等，要写出景物的光与色；既要写它的静态，也要写它的动态，还要写出它的环境气氛。

③要仔细观察，抓住在不同季节里景物的不同特点来进行描写，不要胡编乱造，凭自己的想象来写。

④写景中也可以具体地写些人和事，若把情、景、事三者交融在一起，可以使作文更为感人。

⑤写景物时不要忘掉自己与景物之间的关系，要有意识地把自己的感情、感受写进去，这样使人读了会产生一种身临其境之感。

⑥适当地、正确地引用前人描写景物的诗词歌赋，也可以为作文增色，这就需要孩子平时多加阅读和积累。

（4）做命题作文的方法。

①认真审题，明确题意。仔细弄清题目的要求、重点和范围，这是做好命题作文最关键的第一步。

②确定中心，选好材料。在弄清题目的要求、重点和范围以后，就要认真回忆与这个题目有关的材料，哪些事是自己最熟悉的、最有新意的，准备表达一个什么中心思想。中心明确了，就要围绕中心，选择最能表现中心的

材料。

③列好提纲，确定详略。确定中心、选好材料以后，就得列个写作计划，先写什么，再写什么，最后写什么，得有个次序。哪些内容与中心关系密切，要详写；哪些内容与中心关系不大，可以略写，得分个主次。提纲好比建造楼房的图纸，有了好的图纸，造出的楼房才能坚固美观。

（5）做看图作文的方法。

看图作文有单幅图和多幅图，但看是写的前提。看图要有顺序，边看边想，或从上到下，从下到上；或从远到近，从近到远；或从中间到四周；或从人到景，从景到人。想一想，图上画的是些什么事物，对画面所表达的主要内容要先有一个大概的了解。再细看画面，了解事件发生的环境、地点，从景物和人物的衣着，还可以分析出事情发生的时间；细看人物的穿戴和身材，想一想人物的身份、年龄和职业；细看人物的动作，想一想他们在做什么，是怎样做的；细看人物的表情，想一想人物的思想感情。然后想一想整幅图画说明一个什么问题，作者画这幅画的目的是什么。最后，按图意列出提纲进行写作。

如果是多幅图，要注意图与图之间的联系。要着重观察前一幅图中没有出现的事物，如出现了哪些新的人物、地点有什么变化等。按每幅图的主要意思列出提纲，重点突出，注意详略，每幅图的叙述要注意连贯，互相衔接，不要变成图意的说明。

37. 孩子厌学怎么办

如果孩子有厌学情绪，家长可从以下方面着手处理：

（1）首先弄清孩子厌学的原因。

①思想压力重。首先，从孩子自身来看，巨大的思想压力和精神负担使他们难以承受，久而久之，孩子便产生了厌学情绪。多数孩子生活在“望子成龙、望女成凤”的期望之中，父母的这种期望压得他们喘不过气来，日复一日，年复一年，厌学情绪便会油然而生，进而形成一种与家长、老师“对着干”的逆反心理。其次，从家庭因素来看，不良的家庭文化环境往往使可塑性很强的初中生在耳濡目染中受到侵蚀。

②家长放任自流。有的家长忽视自身作为子女“第一任家庭教师”的角色，在教育子女上，他们糊涂认识多，偏颇看法多，简单粗暴多，放任自流多。有的家长认为，送孩子上学是义务教育的规定，孩子学差学好则全靠学校。

③家长误导。有的家长不但不重视子女的学习，反而经常在孩子面前宣传“经商致富”的错误思想，分散孩子的注意力，扭曲他们的价值观。

④不利的家庭氛围。有的孩子父母，常常打架吵嘴，甚至草率离异，给孩子造成难以抹去的阴影，使他们无心学习。

（2）别对孩子说太多的大道理。

西方有个社会心理学实验：让一组人去干同样一件枯燥的活，干完出门的人须对将要干活的人说谎“这活很有意思”。而后就能领到一份奖品。结果是一个影响一个，后面的人越来越喜爱干这一项乏味的工作。该实验一方面说明奖励的作用，另一方面说明真正对某项活动的兴趣即内在动机，通过反复诉说相反的看法，人们会真的逐渐改变态度。因此，有些教育心理学家认为：只要做到让孩子去学，去做作业，久而久之，他会对学习产生兴趣的。

①要用发展的眼光看待孩子。对待学习差的孩子切忌急躁，要看到孩子的优点，经常鼓励他们的进步，帮助他们端正学习态度，改进学习方法，调动学习主动性，尽快地从厌学情绪中挣脱出来。

②作为家长，要严格要求自己，时时处处给孩子起表率作用，要尽量营造一种积极进取的家庭氛围，使孩子在平等、民主、关爱、和睦的环境下保持身心健康，专心致志地投入学习中去。

③要让孩子参加些有兴趣的、轻松愉快的活动，如智力类的讨论题、娱乐性游戏、随意地看些书刊与画报等，又要让他定时定量地专心做作业，并严格要求其在做作业时不分心，如能按照大人的要求做，做完作业后给予表扬等。

④与其对孩子千叮万嘱，不如让孩子去做（或写完两张毛笔字纸，或背诵一篇好文章），做完为止，绝不姑息迁就。要知道，人的惰性是需要在一定的压力下才能克服的，兴趣和动力也可以由外在因素转为内在因素。

38. 孩子逃学怎么办

对于孩子逃学的问题，家长要注意以下问题：

（1）弄清孩子逃学的原因。

①孩子在学校有时会受到其他同学的嘲笑，如个人生理缺陷、成绩差、着装不合适、语言能力差等，这些因素都会使孩子感到上学不开心，就会出现逃学现象。

②有些孩子沉溺于别的活动中，如打游戏、玩电脑等，这些与学习无关的兴趣爱好分散了孩子的精力，结果使孩子对正常学习的兴趣下降，出现逃学现象。

③有时孩子逃学是由于父母不许孩子随便到外面玩所致的，孩子没有机会进行正常的兴趣爱好和娱乐活动，就采用逃学的办法来满足自己的需要。

（2）辨别孩子是否有“学校恐惧症”。

小学生的“学校恐惧症”的症状是：害怕上学，即使被迫去上学也不能集中精力学习。造成小学生“学校恐惧症”的原因有多种：

①这些孩子在个性上有相似之处，如内向、任性、自卑等。

②家长出于望子成龙、望女成凤的心理，对孩子给予了过高的期望，这常使孩子变得过分敏感。

③学校个别教师素质低，常常是学生害怕上学的直接原因。有时，教师有意无意伤害了孩子的自尊心，又不懂如何帮助孩子，会给孩子心灵留下一些创伤。

结合上述现象巧治孩子逃学的方法如下：

（1）坚决将孩子送到学校或对其活动进行限制。有的孩子在抱怨自己不舒服的时候，根本不像生病的样子，这时家长就应正确对待。条件不允许他待在家里的，则一定要把他送去学校，以杜绝其逃学的念头。如果情况允许，不妨让他待在家里一天，而这一天中家长必须对他的所有行动进行限制。不得随意大呼小叫，他可以安静地看书、睡觉、做功课，不可以看电视、玩电脑，不可以走出家门，不可以打电话，不得吃任何零食。而在这几项措施实施之前，家长必须非常确定自己的孩子没病。

（2）限制结束后须进行总结，让孩子明确限制的目的。一天的限制可以到他平时的放学时间结束，此时可以允许他看电视、吃零食、玩游戏。晚上睡觉前要对今天一天进行总结，明确告诉他，父母今天所采取的措施都是为了惩罚他的懒惰和不想上学的行为。在家这一天的经历会触动他，通常情况下第二天孩子就会乖乖去上学，而且以后不会再出现“逃学”的念头。

（3）孩子因偷懒逃学可采取以上的方法处理，而对于因孩子性格和心理问题引起的逃学，如“学校恐惧症”，则需要进行心理疏导。

39. 教孩子学会处理考场意外

考试时出现“卡壳”现象的处理方法如下：

（1）缓解紧张情绪，保持心情平静，冷静是克服“卡壳”的唯一良策。

（2）转移注意点，先做后面的题目，注意力转移可使抑制状态减弱或消除，记忆的功能得以恢复。

（3）最后利用中介性联想回忆法，努力唤醒记忆。在记忆的过程中往往使用联想记忆法，利用它与其他事物的联系来增强记忆效果。常用的有接近联想、相似联想和对比联想。

考试出现“怯场”现象的处理方法如下：

（1）树立信心，对自己的知识和才能要有充分的估计。

（2）进行放松疗法，如闭目养神、深呼吸，在心中进行积极的自我暗示。

（3）采用转移注意力的方法，如遇难题出现怯场可先做容易题。

考前应做的准备包括如下四项：

（1）制定合理的考试目标。目标的确定应考虑自己的实际情况，制定目标时可征求老师和家长的意见，目标一旦确定，就应努力达到。

（2）制订周密的复习计划。考前做好复习计划，有针对性地进行复习，这样才能有条不紊、张弛有度地进行复习。

（3）合理安排作息时间。考前的复习应做到劳逸结合，根据自己的特点制定作息时间表，要注意适当的营养与运动，保证充足的睡眠。

（4）保持良好的情绪状态。要保持适当的紧张情绪，中等强度的兴奋水平最有利于任务的完成。

考试答卷的技巧有：

（1）认真审题。首先，读懂题目的内容和形式，看清要求；其次，掌握科学的审题方法。

（2）先粗读浏览，了解题意；再精读细看，字斟句酌。

（3）采用圈点法逐渐标出题目的重点信息。

考试中应注意的其他问题：

（1）按照先易后难的顺序答题。当中途遇到难题不能突破时，应改做下一道，待其他有可能解决的问题解决后再面对它，这样既可避免丢分，又可缓解紧张情绪。

（2）注意兼顾周到细心和速度的原则。现在的考题趋向覆盖面大，综合性强，意在考查学生的综合分析能力。

（3）做好检查。在考试结束前尽量挤出一点时间进行检查，但修改时要注意卷面的整洁，如时间充裕，对有疑问的题目要重新审核或重做。

40. 辅导孩子学习的小窍门

辅导孩子学习是家长们经常做的事，但家长往往不知从哪里下手，有的家长给孩子找来各式各样的练习题；有的家长要求孩子反复进行同一种练习；还有的家长买来很多教学参考书籍，让孩子把上面的内容背下来。这些方法不但给孩子增加了负担，缺乏针对性，同时还会打击孩子学习的积极性。

其实，很多家长在辅导孩子学习的过程中总结出了很好的经验，下面选取了一些比较好的经验供家长们参考。

（1）“只教一遍”与“教不过三”。

在辅导孩子学习时，如果发现孩子有不懂的问题时，讲解前一定要强调：只教一遍！

因为是父母辅导孩子，所以他容易产生依赖思想，认为反正一遍不会还有下一遍；也有些家长在讲题时不厌其烦，结果发现先前不会的问题，孩子现在还是不会。

有时也会遇到特别难的题，讲一遍孩子可能确实领悟不了，那就需要记住下一句话：教不过三！

当孩子在试做了三次后还出现错误时，家长就应该放弃这种方法，换一个角度去辅导孩子。也有可能是这道题真的太难，超出了孩子的知识能力范围，那就暂时不要做，等孩子的水平提高了再来解答。

（2）用图形来表达学习内容。

小学生的形象思维是非常丰富的，而抽象思维是很简单的。如果让孩子学会用图形来表达学习内容是非常有益的。从中年级开始，孩子的观察能力和阅读能力就都开始超过听力，比如让他单独去一个陌生的地方，与其告诉他怎么走，不如给他画一张路线图。学习也是同样的道理，当学习出现难点时，画图往往能事半功倍地解决问题，这就是学应用题时老师经常让学生画图的道理。

同样，也可以用这种方法解决阅读中出现的问题，比如小学三年级《语文》有一篇课文名叫“爬山虎的脚”，其中有这样一句话：“爬山虎的脚长在茎上。茎上长叶柄的地方，反面伸出枝状的六七根细丝……这就是爬山虎的脚。”这句话比较难理解，很多孩子学完了还不知道爬山虎的脚长在哪儿，但如果让学生按课文所说的画幅画，答案就一目了然了。

（3）每错一次画一个记号。

小学阶段的知识都是最基础的，而语文中的字、词、句，数学中的四则运算又是基础中的基础，只有牢固地掌握这些最基础的知识，才能学好更深、更难的知识。

但孩子在实际操作时，这些地方总是出错，经常学了后面的忘了前面的，究其原因，或者是不认真，或者是知识掌握不牢固。

老师每教给孩子一个新字或一道例题，都会运用各种方法来巩固，像听写、做练习、测验等。如果孩子做错了，家长可以让孩子每一次就在生字表或例题旁画上一笔，做个记号，等孩子再复习时，就会发现哪里是自己容易错的，也就更有的放矢了。

（4）集中火力攻下一个难点。

随着孩子的成长，家长会越来越觉得需要解决的问题太多了，有时甚至理不出头绪来，尤其是当自己孩子落后了，就更让人操心。

与其眉毛胡子一把抓，还不如集中力量解决一个问题。在日本，有位妈妈总是把要教的内容集中在一天进行，比如今天她要教孩子关于时间的知识，就把这一天叫做“时间日”。她并不强迫孩子坐在桌前死读书，而是利用一天的所有活动让孩子领会这个概念。比如孩子要出去玩，她就告诉孩子现在是几点了、几点回来，并在表盘上找出相应的位置。

我们也可以借鉴这种方法，小一点的孩子可以定出“××日”，高年级的孩子可以定“××周”。这样能让孩子对一个事物保持较长的兴趣，父母也能集中教他各种有关的知识。另外，这样做还容易使孩子精神集中，提高学习效率。

41. 怎样培养孩子的健康心理

未成年人的心理健康状况与父母息息相关，父母只有从自身做起，才能确保孩子的心理健康。一位哲人说，下一代的问题，实际是这一代的问题。

首先，年轻的父母要力戒自己对待孩子的私心，这种私心除了父母养儿防老、施恩图报的自私心理外，实质上是人类自身的一种可怕的任性和可憎的放纵：孩子是我的，我爱怎样对待就怎样对待。

其次，年轻的父母要力戒对孩子的依赖。不少父母觉得自己这辈子不行了，把自己的理想寄托在孩子身上。这种对孩子的依赖不利于未成年人的心理健康。从心理学角度讲，为人父母者，最危险的心态便是过度依赖孩子，希望从孩子的勃勃生机中获取力量，寻求慰藉，摆脱孤寂。

再次，年轻的父母要平等对待孩子，尊重孩子。尊重孩子的思想，尊重孩子的情感，尊重孩子的正确选择。孩子也是有独立人格的个体，是有生命、有思想、有情感、有自尊心的活生生的人。不要安排喜欢踢足球的孩子去学绘画或弹钢琴，不要私拆孩子的信件，不要偷听孩子的电话，不要私下翻阅孩子的日记，不要当着外人的面骂孩子，不要谈论孩子的缺点，不要用尖酸刻薄的语气讥讽、辱骂孩子，更不能体罚孩子……尊重能带来理解，能建立彼此间的信任。最重要的是要向孩子表明：他们已是独立的“人”了，应对自己的成功或失败负责任。

如果有人问我：我怎样能够以简单的公式概括我的教育经验的本质时，我就回答说：我尽量多地要求一个人，也要尽可能地尊重一个人。

——［苏］马卡连柯

42. 怎样培养孩子的个性

（1）独立人格，拒绝“小绵羊”。

孩子听话，人见人爱，这是一般成年人的正常感觉。然而，从对一个孩子健康成长的角度，或者说从培养孩子的目标来谈，培养孩子成为听话的“小绵羊”不应该是我们的目标。当今社会政治经济不断变化发展着，教育随之也发生了巨大的变化。因此，对未来事业的继承、发展者——新一代人的培养目标也有了新的观点。虽然目前对素质教育问题已进行了较热烈的讨论，且说法也不一，但有一点是学者们的共识，即我们的下一代应该是有道德、有文化、有个性的人。个性是一个人素质中的重要方面。新时代要求孩子们不再唯唯诺诺、顺从父母、没有主见，而是应具有分析能力、创新精神且有头脑。固然，孩子听话容易管理，但并不利于其健全人格的形成，不利于个性的发展。

（2）怎样培养孩子的个性呢？

①家长对孩子的行为要求不要过于严格。要切记：要求孩子做某件事时要讲清道理。

②不要过分关注孩子的生活及各种行为。有的家长对孩子的一举一动都十分关注，甚至关注过度，这样会使孩子很敏感，继而变为胆怯，一犯错误便自责不已，这很不利于孩子保持健康心理，也不利于个性形成。

③培养孩子的自信心。无论在什么情况下都要鼓励孩子有自己的见解，按自己的方式行事。当然，孩子的见解与行为要符合社会要求与道德规范。

④充分发展孩子的各种才能。家长有必要创造条件培养孩子的才能。但需注意不要让孩子盲目按自己的要求去培养，而要按照孩子的爱好和天赋去培养。

(3) 哪些因素影响孩子个性的形成?

①社会上的各种关系通过父母的言传身教和家庭日常生活影响着孩子。

②父母对孩子的态度影响孩子的个性。

③父母的处事方式影响孩子的个性。

④孩子在家庭中的地位和扮演的角色，如出生顺序、是否独生子、父母喜欢女孩或男孩等也影响着孩子个性的形成。

⑤孩子的个性在课堂作业和提问中可以得到培养。

⑥孩子所在班集体的风气、在班集体中所扮演的角色会对孩子的个性产生影响。

⑦父母及教师的人格特征潜移默化地影响着孩子。

43. 怎样培养孩子的领导才能

（1）鼓励孩子。事前对孩子说：“我知道你一定做得到的！”孩子成功后说：“你果然做到了，真了不起！”孩子听到这些话，信心自然会大增。从孩子学步那天起，父母就要帮助孩子建立自信。成绩不论大小，都值得称赞表扬。

（2）让孩子探索。喜欢探索和敢于接受挑战的人，会使他人乐意追随。然而，父母却往往教孩子不要冒险。

（3）只想成功。父母把注意力只集中在教会孩子如何取胜上，而不是怎样避免失败。鼓励孩子只去想怎样才能成功，而不去想成功之路上的困难障碍。

（4）聆听孩子的梦想。就目前来说，虽然孩子的梦想听来很荒诞，但最重要的是孩子要有想象力并能够想办法去使梦想成真。“考虑各种可能性”是领导人才的标志。懂得研究分析问题和教人解决问题的人，自然有做领袖的特质。

（5）培养孩子的三大特性。家庭心理学家约翰·卢斯曼德认为，父母应该帮助孩子培养守法、足智多谋和负责三大基本特性。说到底，最重要的还是父母要以身作则。假如父母经常指责邻居或同事，数落他们的不是，孩子便很难学会尊重别人；假如父母千方百计逃避责任，便没资格教孩子负责任。

（6）要引导孩子正确对待所出现的各种困难与压力，能面对挫折与失败，甚至屈辱与打击。

（7）培养孩子领导才能的具体方法。

①具体来说，培养孩子的领导才能在学校里要让孩子尽可能地当班长、少先队队长，等等，这些是锻炼他们领导才能的实践机会。家长要教育孩子

珍惜当小干部的机会。

②在家里，让孩子参与家政管理，尝尝当小户主的滋味，学着主持一些家政事务，参与家庭开支的商量、安排、指挥并参加一些家务劳动，从而培养他们的责任感，同时养成处理事务井井有条的习惯。

③家长在平时有意识地提一些问题，创设比较复杂的情境，让孩子去思考、回答，如“上课时，老师突然在讲台上病倒了，你作为小干部应该怎么办?”“在老师不在场的情况下，你怎样安排、组织好教室与包干区的大扫除?”在回答问题的过程中，孩子既可以提高解决问题的能力，又可以锻炼口头表达能力。

④引导孩子关心社会，适当参加一些社会性活动，如孩子看到电视播放某地区遭受特大洪灾的消息，就与同学一起开展募捐活动。社会视野的开阔、社会活动的具体组织，对于发展孩子的领导才能也是极为有利的。

⑤向孩子推荐一些领袖人物的传记书籍，引导他们从中汲取丰富的养料，找到自己学习、效仿的榜样，坚定孩子的远大志向。

⑥让孩子多交朋友，学会与人交往，与人友好相处。

44. 怎样看待孩子的好胜心

（1）青少年的好胜心是一种积极的心理现象。而很强的好胜心会让孩子不甘落后，勇于进取，勇于拼搏。根据青少年的心理特征，好胜心在行为上的反映主要在于显示自己的力量和智慧，在同伴面前不甘示弱，好表现自己的能力。有些孩子具体表现为在学习上争第一，在开展活动和选争班干部上展示自己的才华。父母对孩子的好胜心应加以爱护。

（2）好胜心除了积极的一面外，也有其潜在的消极作用。好胜者有时因求胜心切，在与他人有矛盾时，好胜心会使人产生一种非要压倒对方不可的思想，表现出好斗逞强，不择手段求胜，以至于导致他伤或自伤，或不走正道，弄虚作假，以不正当的手段去获取荣誉，以满足自己的虚荣心，或不顾实际情况和主客观条件，轻举妄动，盲目蛮干，造成严重后果。

（3）好胜心太强容易造成孩子的嫉妒心理，严重的会引起成就焦虑症，因此太强的好胜心不足取。要引导孩子把自己的好胜好强心与同学间的友好竞争统一起来，孩子们的竞争是为了相互促进，因而好胜心应建立在团结友爱、共同进步的基础上，并不是仅仅为了突出个人。同时，也要使孩子明白“山外有山，人外有人”的道理，虚心向他人学习，而不是一味盲目自大。

45. 孩子与大人争辩有什么好处

（1）父母与孩子争辩有利于思想沟通，通过争辩达成共识，从而能及时解决问题。心理学家认为，能够同父母争辩的孩子，以后会比较自信、有创造力和合群。事实表明，争辩是孩子最感兴趣、最高兴、最认真的事。这只有在家庭民主气氛浓厚、关系和谐时才会出现。一个家庭如果父母角色意识太强，清规戒律太多，孩子想与父母争辩恐怕都办不到。因此，孩子与父母争辩，父母不要怕丢了面子，不要担心孩子不听话，不尊重父母，与父母为难。孩子也是讲道理的。父母与孩子争辩，孩子觉得父母讲道理，孩子就会打心眼里更加爱父母，信赖父母，尊重父母。父母要孩子做的事，孩子通过争辩弄明白了，也会心悦诚服地去做。父母有难题，孩子参与争辩，也能启发父母。这有什么不好呢？

（2）对孩子来说，与父母争辩是一种自信、自立、自尊、自强的表现，是一种心理宣泄。心理学家说："争辩能帮助孩子变得自信和独立，在对抗中他们感觉到自己受到重视，知道怎样才能贯彻自己的意志。"争辩表明孩子在走自己的路，认真思考问题，次数多了，他们会明白父母并不总是正确的。

（3）父母与孩子争辩能使孩子弄清是非曲直，学到一些知识，学会估量自己，了解自己，养成实事求是、坚持真理、以理服人的品格。这是形成健全人格的基础。

（4）父母与孩子争辩能活跃家庭气氛。争辩在感情交流、思想沟通中，表现了一种亲情和友爱。争辩是重视对方的一种方式。它能使孩子体验父母情感的变化，正确对待父母和自己，正确对待所争辩的问题，从而化解矛盾，获得共识。如果一个孩子从不与人争辩，总是与世无争，那么他的勇气、进取心、正义感等就值得怀疑了。

一个活泼的心灵没有正经的事情可做，它便会被无益的、稀奇的和有害的思想所困扰，会成为自己毁灭的原因。

——［捷］夸美纽斯

46. 家长要重视孩子的美育作用

（1）美的分类。

美分为现实美和艺术美两大类。现实美主要是指大自然、生活环境的美，同时还指人的心灵美、行为美、语言美、仪表美。艺术美主要是指文学、音乐、舞蹈、戏剧、各种工艺美术等的美。家庭美育培养的内容也在这两大类中进行。

（2）美的作用。

①让人陶醉的美的境界、极其轻松自然的氛围、极富感染力的心的律动，使得孩子智力的开发、良好个性和品德的养成都能在“润物细无声”中进行。没有生硬的说教，只有内心的感动，孩子愿意而且乐于接受，没有比这更好的教育方式了。

②美育的基础在于孩子对美好事物的兴趣。如果孩子对某种美好事物产生了强烈的兴趣，甚至着迷，孩子的发展就能产生持久的动力，孩子也会变被动为主动，会更勤奋，更乐于探索，从而有利于孩子智力的发展、能力的提高、良好品德的形成。

③寓教于乐。这种美育方式可使孩子保持愉快的心情，形成开朗、乐观的性格，从根本上保证孩子身心的健康发展。

（3）家庭美育的内容。

①音乐教育。歌曲的内容要适合孩子的年龄特点和理解能力，不要教孩子唱成人歌曲，尤其是爱情歌曲。

②美工教育。让孩子欣赏印刷精美的画册，从小接触美术精品佳作，激发孩子对工艺美术的兴趣和爱好。

③文学教育。家长应通过顺口溜、诗歌、绕口令、故事等生动的文学形

式，激发孩子学习优美语言的兴趣，增强其求知欲，学习模仿文明行为，提高语言表达能力，从而使孩子受到美的熏陶。

④社会美。让孩子体味美好情感和生活的艺术，使孩子更加热爱生活。

47. 怎样培养孩子的责任心

责任心即我们通常所讲的责任感，它是一种高尚的道德情感。有无责任心，体现了一个人对人、事和社会的负责态度，也关系到一个人在社会上能否承担重任的问题。

孩子缺乏责任心的具体表现如下：做事常常丢三落四，师长叮嘱的事总记不住；老师布置的作业经常忘记，只得打电话去问同学；借了别人的东西忘记归还，等等。从小丢三落四的孩子容易缺乏责任感。现在，由于家长包办太多，也造成了孩子的依赖性，从而使孩子缺乏责任心，但责任心的培养是一个循序渐进的长期过程，必须从孩子幼年开始培养，应从孩子懂事起就通过日常生活的小事，逐渐培养孩子的责任心。

（1）在学会生活自理的过程中激发孩子的责任心。当孩子两三岁开始有了自理能力时，家长就应教会孩子自己吃饭、穿衣、洗漱、整理玩具……使孩子懂得自己有责任不依赖别人，自己的事自己做。当孩子遇到困难时，家长要鼓励孩子自己想办法克服，不要半途而废，要有始有终，从而培养孩子自主决定和自我约束的责任心。

（2）在完成父母委托事情的过程中锻炼孩子的责任心。孩子稍大些，家长应有意识地委托孩子去办些事。如适当地让孩子完成一些家务劳动，如扫地、倒垃圾、拿牛奶和报纸、买酱油，等等。孩子做得好，家长应及时表扬鼓励，使孩子从完成任务中获得心理上的满足。长此以往，孩子的责任心就逐渐培养起来了。

（3）在参与社会活动中培养孩子的责任心。孩子从上幼儿园起，就开始接触他人，接触社会。孩子在与他人接触中不仅要学会与他人友好相处，还要学会在同伴、集体面前完成自己的任务。家长更要支持鼓励孩子关心集体，完成集体和老师交给的事情。作业要按时完成；班级开展活动，应尽自己的一份力量；同学、老师、集体要求自己做的事，一定要做好，使孩子懂得，如果自己忘了或完成得不好，会给他人和集体带来不便，甚至给集体抹黑，从而树立了一种责任感。如果一个孩子从小能对自己、父母、同学和集体负一定的责任，那么将来踏入社会、走上工作岗位也是一个有强烈责任感的人。

家长的一些行为容易使孩子缺乏责任心：

（1）在上学和放学的路上，爷爷帮孙子背书包，爸爸、妈妈让孩子坐在自行车后座上，推着车子接送。

（2）孩子做作业时，家长替孩子削好铅笔；做完作业，书本、文具堆满桌子，大人帮着收拾；第二天需要用什么书，家长替他装进书包。

（3）孩子吃饭，家长帮他夹菜。孩子吃完，一放下碗筷就去玩耍了，端菜、洗碗的事都与孩子无关。

（4）孩子已经上学读书了，但父母还要帮助孩子穿衣梳洗，洗手帕、袜子等，其他事情家长更不会让孩子自己做。

48. 怎样培养孩子的同情心

（1）鼓励孩子大胆地相互表达自己的情感体验，让他们知道别人有可能有着与自己不同的情感。

（2）让孩子辨别、分析别人的情绪情感，利用游戏的机会扮演别人的角色，体验别人的情感并对别人作出相应的情感反应。

（3）家长本人要树立良好的榜样，时时安慰、处处“示范”。

（4）家长应该教给孩子安慰别人的技巧，另外还可通过木偶戏、讲故事、讨论和歌舞表演等形式教给孩子一些安慰的语言、方法及助人的技巧和要领。

（5）一定要让孩子从小先学会体贴父母，长大才会知道要关心和同情他人、帮助他人。

（6）要让孩子知道，人生的道路上难免有崎岖和坎坷。在别人遇到困难和不幸时，作为一个高尚的人应有同情之心，伸出友谊之手，拉人一把，帮人一回。有多少和自己同龄的穷乡僻壤的孩子，由于家里缺钱而无法读书，“希望工程”不就是以同情之心帮助这些失学的孩子完成学业吗？又有多少孩子由于遭受地震水灾而失去了家园，“红十字会”的世界性援助不就是以同情之心帮助孩子们重建家园吗？

（7）同情是人际交往的感情基础。如果没有同情，整个世界将如荒丘沙漠，人类社会将如一团散沙，人与人之间将会漠不关心，冷酷无情。因为有了爱心，有了同情，这个世界才阳光灿烂，百花缤纷，人与人之间才显得友好温馨、亲密和睦。同情，又是一种高尚的道德情感。同情别人的人，既给他人以希望和温暖，也使自己的境界得到升华。助人为乐就是从同情中升华而来的，任何年代都不应丢弃雷锋精神。

49. 怎样教孩子与他人友好交往

（1）家长的交际能力对孩子影响较大。孩子的可塑性大、模仿能力强，家长平时在待人接物上要力求热情、大方又冷静沉着，且讲究一定的处理艺术，尊敬长辈，能与同事、朋友、邻里相处融洽，接待孩子的同学要热情。同时提醒孩子交往中的态度，真诚是最重要的为人之道，而虚伪是最忌讳的。

（2）家长应积极鼓励孩子多与其他孩子相处。不能限制孩子与外界交往，剥夺他们的人际交往机会，致使孩子依赖父母、变得胆小，与他人交往显得十分拘谨。

（3）家长不能溺爱孩子，使孩子养成唯我独尊、不尊重别人、不帮助别人的习惯，在与他人交往时表现得自私、任性、霸道。

（4）让孩子学会尊重他人，鼓励孩子与人为善并能和他人友好合作。教会孩子必要的礼仪规范，让孩子亲身实践待人接物的态度和方法。在处理矛盾时，教育孩子尽量采取协商、合作的方式。

（5）让孩子认识真正的朋友。明代有人曾把朋友分为四类：一是"畏友"，即能相互鼓励、直言规劝的朋友；二是"密友"，即能同舟共济的朋友；三是"昵友"，即酒肉朋友；四是"贼友"，即见利忘义的朋友。是卑劣的，"昵友"是低级的，"密友"是珍贵的，"畏友"是高尚的，好朋友应该是"密友"和"畏友"。

（6）观察孩子不善于交往的具体表现并使其改正。有的孩子在家里活泼好动、聪明伶俐，但一来到新环境接触陌生人时，就会变得胆怯腼腆、呆板笨拙。父母应给孩子创造尽可能多的实践场合，使其变得自信，善于与人交往。有的孩子在幼儿园里独自游戏、自言自语，显得很不合群，父母、老师应及早使其融入集体。有的孩子与人交往时处处逞强，横行霸道，显得盛气凌人。还有的孩子在遇到熟人时，即使家长再三叮嘱礼貌待人，孩子也缄口不语、设法躲避。因此，家长要针对孩子的这些表现，正确引导孩子，让孩子不要以自我为中心，而要考虑他人的感受，只有这样，才能让他人接受自己并与自己友好相处。

教育不应当只从智力上着眼，必须力求使受教育者变得更加敏锐、文明，更加宽容、仁慈。

——［印度］泰戈尔

50. 怎样引导孩子面对挫折

中学生容易遭受挫折有主、客观两方面的因素。

（1）客观方面。

①人际关系。如教师偏见，不受教师喜爱；父母教育方法不当，父子或母子关系不融洽；学习压力大，亲子之间因为升学而产生隔阂，等等。

②学习条件。主要指学校教学条件太差；家庭作业过多，不能按时完成；没编入理想的班级或座位编排不好；教师的教学内容与方法不对，等等。

③生理条件。如由于眼睛近视，不能选择自己喜爱的专业；个子太矮，不能参加运动会；健康状况不佳，学习心有余而力不足，等等。

（2）主观方面。

①兴趣愿望。个人的兴趣和爱好得不到家长的支持，受到过多的限制和责备，等等。

②抱负。由于个人的抱负不同，对同一种活动的结果，有的会体验到挫折感，有的则不会。比如在成绩方面，甲的标准是优，乙的标准是及格，如果两人都得了良好，这时甲就会体验到挫折感，而乙则不会有挫折感。

③学习能力。学习不如人，总是名落孙山；智力水平低，学习总是顾此失彼。这样孩子就会经常体验到挫折感。

（3）引导方法。

①要教会孩子分析原因。中学时期的孩子应学会对周围事物进行分析，同时教师和家长应对不同归因水平的孩子分别进行指导。对外部归因的孩子，应在学习内容与方法上具体指导，稍有进步应及时鼓励，使之确信自己努力的程度与行为结果之间的正比关系；对内部归因的孩子，帮助他们掌握平衡内外原因的方法，引导他们实事求是、准确归因。

②要再接再厉，锲而不舍。许多孩子害怕失败，一些很小的挫折常使他们一蹶不振或裹足不前。而人生之路往往充满大大小小的无法预料的挫折，若没有“跌倒了再爬起来”的锲而不舍的精神，就无法成为一个成功者。

③采取补偿手段。特别是由生理条件限制而造成的挫折，多可采取补偿手段，即发挥个人其他方面的优势，弥补生理上的缺陷，如个子矮无法加入球队，可以用学习方面或交际方面的优势来弥补，以达到心理平衡，消除挫折感。

挫折具有二重性，它一方面使人失望、痛苦、沮丧、冷漠或引起对抗行为（如侵犯、倒退、固执）；另一方面，挫折又给人以教益，使人接受教训，变得更加坚强。而挫折后的行为和情绪反应能影响个性的形成和发展。所以，家长和老师应引导孩子学会面对挫折，以提高孩子的耐挫折能力。

51. 怎样帮助孩子改掉坏习惯

现在很多家庭都是独生子女，所以家长都希望自己的孩子是十全十美的，恨不得他们一夜之间就成龙成凤。这导致家长有时不能用客观的眼光去看待孩子身上的优点和缺点，而是经常用其他孩子的优点来比较自己孩子的缺点，这种比较法当然使家长生气，让孩子气馁。有时，即使是家长找到了一些行之有效的方法，也由于没有耐心而常常半途而废。

其实，在孩子成长的不同时期，总会出现这样那样的问题，家长一定要对孩子充满信心和希望，而不要把孩子的前途葬送在自己的不耐心上。下面我们给大家介绍五个改变孩子不良行为的基本原则及其实施步骤：

（1）找准目标。在着手改变孩子的行为之前，要搞清楚你需要纠正孩子的哪些不良行为，而不是简单地说孩子“讨厌”、“不听话”、“烦死了”等。必须客观、理智地分析孩子存在的问题，在一张白纸上划一条竖线，左边写上“多做什么”，右边写上“少做什么”，当孩子能够克服一个缺点时，就把右边的缺点划掉一个，家长和孩子一起监督这些不良习惯的改变。

（2）各个击破。在定出目标后，要克服急于求成的心理，给孩子机会让其逐渐改掉坏习惯。例如，孩子可能有注意力不集中、写作业拖拉、粗心大意、胆小、吃手指等坏习惯，家长不能指望孩子一下子都改掉，而是一个一个地改掉，这可能需要相当长的一段时间，家长要有恒心，在很多情况下，孩子的信心是来自家长的。

（3）关注孩子的进步。有时我们问家长：“孩子有进步吗?”家长说：“没发现有什么进步!”孩子在一边不满地说：“怎么没进步？上课不是不挨老师批评了嘛!”家长说：“那老师也没表扬你呀!”……孩子的进步特别需要家长的肯定，有心的家长应该用本子记下孩子的每一个小进步，同时让孩子也看到自己的进步，孩子才会更有劲头。

（4）态度始终如一。家里每位家长的态度都要一致，不能时严时松，有的赞成用心理训练的方法来矫治孩子的坏毛病，有的就不相信；有的一开始挺积极，过一段时间就灰心，或者稍一见好就不再坚持下去，这些都不利于孩子坏习惯的纠正。

（5）以鼓励和表扬为主。孩子失败的时候要鼓励他，成功的时候要给予表扬，让孩子知道家长希望他做什么、怎么做。与孩子一同制订行动计划，用图表的方式表明家长的鼓励态度，这样孩子就不至于在家长的威胁恐吓之下不知所措了。

孩子在成长过程中总会存在这样那样的不足，因此家长要记住不存在十全十美的孩子。

52. 怎样对待孩子的兴趣多变

有些孩子兴趣多变，一会儿爱画画，一会儿爱学琴，一会儿爱做模型，可无论什么兴趣爱好都不长久。其实，这是一种很正常的现象。兴趣不稳定是孩子（尤其是小学生）的普遍特点。这是由于他们对外部世界强烈的好奇心所致。我们一方面要适应他们的特点；另一方面，也要多加引导，因为长期兴趣不稳定容易导致孩子做事肤浅草率，不愿深入钻研，结果一事无成。我们可以在家庭教育中采取以下做法：

（1）每当孩子一项活动还没弄懂时，不允许他们学新的东西。如孩子刚学会象棋，便撒手去学打扑克。这时，家长就应坚决制止。

（2）孩子对某一项活动无兴趣，有时是因为无人指导，无法入门。因此，活动初期家长需要陪孩子玩一段时间，带他们入门，逐渐培养起稳定的兴趣。

（3）父母自己在工作、生活中也应做到干一行爱一行，专心致志，这对孩子有极好的潜移默化的影响。

（4）多用强化手段。孩子学习做某项工作，打游戏或进行玩耍活动时，家长应在一旁不断鼓励他们做好、玩好。美国青少年常受到这样的教育：“即使你将来是开电梯的，也要成为一流的电梯司机！”

（5）父母要注意孩子真正感兴趣的事物，找到他们真正的兴趣点并着重培养。这需要长期、仔细的观察。例如有的孩子从小爱看车，年龄稍微大些后能说出各种车的品牌与型号，并且也爱画车、做车的模型，虽然期间也曾爱玩其他的东西，可唯有与汽车相关的活动最容易引起他的注意，说明这是孩子真正感兴趣的活动，父母找出孩子的兴趣所在后，应创造条件去满足与培养孩子这方面的兴趣。

只有和孩子一起生活，家长才能知道孩子真正爱什么。孩子的兴趣是人

类最可贵的天性，希望家长千万不要因孩子兴趣多变而扼杀孩子的这些兴趣。

应当引导儿童自己进行探讨，自己推论。给他们讲的应该尽量少些，而引导他们去发现的应该尽量多些。

——［英］斯宾塞

53. 怎样正确处理孩子看武侠、言情小说的问题

十几岁的孩子总的说来自控能力不强，看到传奇色彩极浓的惊险武侠小说和描述男男女女悲欢离合的言情小说时，常常会入迷。

有的家长见状便将书撕掉，严厉禁止孩子看武侠和言情小说。这种粗暴做法是不可取的，粗暴制止只能导致孩子偷偷看此类书，父母却毫不知情。

孩子沉醉于武侠言情小说是有原因的。武侠小说情节曲折离奇，中间免不了打斗凶杀的情节，小说中的那些孤胆擒敌的英雄、身怀绝技的武林高手，使孩子充满了好奇心，对他们崇拜得五体投地。言情小说中那种卿卿我我的描写对情窦初开的少女们充满了吸引力。而孩子们的好奇心强，对生活有很多幻想，这就是武侠、言情小说吸引孩子的主观原因。

对这个问题，我主张运用引导的方法解决。家长在平时应多关心孩子的课外读物，如果发现孩子已沉迷于武侠言情小说之中，家长最好能参与阅读与译论，和孩子一起讨论书中的方方面面，使孩子能正确认识书中人物行为的社会意义及其局限性。读了几本后，可问孩子这些书的内容是否大同小异，问问武林中的人物为了得到秘诀，常常不择手段置人于死地的心态是否正确之类的问题，从而培养孩子分析思考问题的能力，使他们从消极的盲目崇拜与模仿中解脱出来，从中获得一定的教益。与此同时，家长应积极引导孩子转移阅读兴趣，帮助孩子选择适宜孩子看的且孩子喜爱的内容健康的课外读物，使孩子知道在武侠言情小说之外，书的种类还有很多，让孩子在浩瀚的知识海洋中游弋，学会更多的知识，学到更多做人的道理。

54. 怎样帮助孩子克服畏难情绪

现在不少孩子或多或少都存在一些畏难情绪，孩子无论如何努力也达不到家长的要求，从而失去自信心；遇到一点困难就退缩，不愿意想办法解决问题；还有些家长把自己的愿望强加在孩子身上，甚至强迫孩子做一些不感兴趣或不擅长的事，比如学琴、绘画等，孩子没有这方面的心理需求，自然能躲就躲。家长包办代替，事无巨细，都替孩子安排妥当。久而久之，孩子就会变得懒惰，缺乏主动性，习惯于依赖家长。有些家长过多地指责、训斥孩子。如当着他人的面就斥责孩子说："你可真笨！""你的画越画越差，还不如从前呢！"等等。时间长了孩子会感到压抑，甚至连本来擅长的事情也由于缺乏自信而不如从前了。

因此，要帮助孩子克服畏难情绪，家长一定要注意以下四方面：

（1）逐步提高要求。家长给孩子设定立的目标要是孩子经过努力能够达到的，这样可使孩子有成就感。然后随着孩子能力的增强逐步提高要求。

（2）不要把家长的愿望强加给孩子，家长要尊重孩子的兴趣，对孩子的爱好，只要是健康、向上的，都应鼓励。因为兴趣是学习的动力，只有当孩子对学习产生了兴趣，他们才会由被动变为主动。

（3）多用表扬鼓励的方法，避免使用伤害孩子的语言，如"你真笨"之类贬斥的话完全可以由"你要再认真一点就会干得更好"代替。与其训斥不如教会孩子处理问题的办法，使孩子有克服困难的勇气。

（4）家长不要过分注重结果，要允许孩子犯错，使孩子自己发现问题、解决问题。只有这样，孩子才愿意自己去解决问题，才能不怕困难。

55. 怎样培养孩子的自理能力

孩子小时候对周围的一切都感兴趣，见到别人干什么就想学什么。比如，他们要自己动手系鞋带、扣纽扣、洗手、洗脸、洗脚，等等，尽管他们干起来可能很吃力，可也非要争着、抢着干，不愿意让家长帮忙或代劳。家长不让孩子干，孩子还要哭鼻子。这并不是说孩子天生就热爱劳动和具有生活自理的意识，而只是出于他们好模仿的天性认为自己长大了的意识。

就在孩子“想干又不大会干”的时候，家长应抓住这个机会对孩子及时进行培养训练。然而，遗憾的是许多家长由于不懂得儿童的心理特征，错过了大好的教育时机。他们主观地认为孩子争着、抢着干自己应该做的事是“逞能”，是给大人“添乱”。早晨起来，家长急着要送孩子上幼儿园再赶去上班，可孩子硬要自己洗手、洗脸、洗不干净，衣服弄湿了，水洒得满地都是，家长还得再帮忙洗一遍……

让他们自己干，家长不但不省事，还要耽误很多时间，于是家长干脆替孩子干。有些家长虽不想包办代替，但当孩子兴致勃勃地要学着干一点儿事时，却是求全责备，横挑鼻子竖挑眼，说孩子这也不对、那也不对，或者责怪说“动作太慢”、“你真笨”、“帮倒忙”，等等。你想，长此以往孩子还会有兴趣干吗？家长剥夺了孩子实践的机会，他还能学会干什么呢？因此，孩子事事依赖家长，这种情况不能怪孩子，应该怪家长。

孩子小时候“想干”是一种欲望，家长应当通过鼓励加以强化；孩子“不大会干”，正好需要家长给予实践的机会和具体的指导帮助。通过鼓励可以使孩子逐步形成自理意识，通过实践和帮助指导可以锻炼孩子的自理能力。这样，孩子才会从愿意干发展到干得好并慢慢养成继续干下去的习惯。

56. 怎样测试孩子的某些特长

以下各项是测试孩子特长的指标，如果家长发现孩子具备某一类特质，可适当给予引导，发展孩子这方面的特长。

（1）他在背诗和有韵律的词句时表现出色。

（2）他能注意到你愁闷和高兴的情绪变化。

（3）他常常问诸如“时间是从什么时候开始”之类的问题。

（4）他很少迷路。

（5）他的动作很优美。

（6）他唱歌时音调很准。

（7）他经常会问打雷、闪电和下雨是怎样形成之类的问题。

（8）经常说的一个词你用错了，他就会纠正。

（9）他很早就会系鞋带，出人意料地学会骑车。

（10）他特别喜欢扮演什么角色并编出剧情。

（11）出外旅行时，他能记住沿途标记并说：“我们曾到过这个地方……”

（12）他喜欢听各种乐器，并能在乐曲中清晰辨认出来。

（13）他画图画得很好，对物体描绘清晰。

（14）他善于模仿各种身体动作以及面部表情。

（15）就像喜欢根据大小和颜色把玩具分类一样，他善于划分种类。

（16）他善于把动作与情感联系起来，譬如他说：“我发昏了才做出这事……”

（17）他能相当精彩地讲故事。

（18）他能够以不同的观点发表议论。

（19）某人被引荐，他有时会说：“他使我想起了谁。”

（20）对别人能完成与不能完成的事他都能作出准确的评论。

（21）在看电影或电视时，能够很快看出谁是坏蛋。

（22）观察力强，能发现事物的细枝末节。

（23）说话早，表达能力强。

（24）喜欢下棋打牌。

（25）学歌学得快。

（26）能够熟练地掌握各种工具器械。

（27）不卑不亢，有自信心。

（28）机敏灵巧，能够应酬客人。

（29）很少会不知所措。

（30）喜欢读书，不用大人督促。

（31）能很快学会等量转换，例如500克是1斤，3尺是1米。

（32）从小就爱摆弄乐器，长大一些后，能识别出没有歌词的乐曲和演奏曲。

（33）是拆装玩具、折纸的能手，别人都说他手巧。

（34）知道如何计划自己的事情。

57. 怎样培养孩子的自信心

家庭，是孩子的庇护所和堡垒，但孩子所遭受最大伤害的地方，往往却是自己的家庭。这道理也很简单。首先，家长爱孩子，但往往恨铁不成钢。一旦孩子作业有错，或是连寻常的问题也回答得不够完整时，特别是当孩子考试成绩较差时，有些父母就用一些尖酸刻薄的话来挖苦、讥讽孩子：“你真笨，笨到家了”，“你真不是一块读书的料，长大只能收破烂”，“看你这副死木头疙瘩脑袋，能把人气疯”，等等。孩子那点小小的自信心，哪能经得起这般摧残？

其次，家长企盼孩子好，常常拿自己的孩子同他人的孩子比。比较，本来是不可避免的，但不能总是和一些成绩好的孩子比较，总是数落自己的孩子不如人家的孩子，说什么“怎么考试的名次又落在人家的后头”，“你就不会像人家那样用点功”，“你表叔家的孩子比你强百倍”，等等。小小的孩子，在父母的眼里总是失败，自己哪会有成功的体验与胜利的喜悦？

最后，做父母的对孩子缺乏理解，孩子遇到挫折，未能及时给予安慰与鼓励。挫折，对任何人来说都是难以避免的。比如，一时考试成绩不好，如能给予及时的安慰，就使孩子从挫折中摆脱出来，恢复心理平衡，免遭心理打击。

自信心，是孩子发展的原动力。具有强烈自信心的孩子，一般来说，他们的智力会得到充分的发展；孩子一旦对自己失去信心，各方面的发展都会受到影响。孩子的自信心非常宝贵，也像幼苗一样非常脆弱。这是因为，孩子各方面还不成熟，缺乏自我评价的能力，他们常常借助成人的标准来判断自己、评价自己。所以，做父母的哪怕是只言片语，哪怕是一个眼神，也应仔细斟酌，绝不说挫伤孩子自信心的话，绝不在孩子遇到挫折时批评孩子，要精心呵护孩子的自信心。

古往今来，那些成大器者在他们小的时候，其父母总是特别注意保护孩子的自信心。乔丹是世界上最优秀的篮球运动员。他小的时候就非常喜欢篮球。1972 年，他看过慕尼黑奥运会后，兴冲冲地走进厨房向妈妈宣称：“总有一天，我要参加奥运会篮球比赛，我要赢得金牌!”妈妈相信他、鼓励他，十分肯定地对他说：“孩子，我相信你能行。”之后，乔丹也曾遇到过挫折，比如，在初中二年级时，他被校队淘汰，妈妈仍然鼓励他绝不能气馁。乔丹在篮球上取得了巨大成功，每当他获奖时，只要他妈妈在场，他总是抱着妈妈开怀大笑，重提 1972 年他在厨房与妈妈交谈的旧事。乔丹的母亲也这样说：“我暗自庆幸没有说过任何对他和他的梦想表示怀疑的话。来自我的一句否定，可能会熄灭他闪烁的理想火花，使之不能熊熊燃烧。”你看，呵护孩子的自信心，不是关系到孩子前途命运的头等大事吗?

爱因斯坦童年的故事更能说明呵护孩子的自信心是多么重要。爱因斯坦，这位 20 世纪的科学巨人，幼年时智力却并不出众。他 3 岁时还不会说话，6 岁上学时被认为是“差劲的笨瓜”，老师给他的评语竟然是：“智力迟钝，话也说不清楚，成不了才。”爱因斯坦的父母却不这样看待孩子，他们相信孩子，也努力去呵护孩子的自信心。他们常常高高兴兴地带儿子去郊游，以开拓他的视野，培养他的探索精神，他们常给孩子一些独特的玩具，想方设法去发现孩子身上常人“看不见的东西”。一次，父亲给了他一个罗盘，谁也没有想到，他竟对罗盘提出了二三十个问题，父母肯定了他的探索精神，同时也强化了他的自信心。就这样爱因斯坦的潜力得到了充分的挖掘。假如爱因斯坦的父母也天天说他是“笨瓜”、“迟钝”，即使是爱因斯坦这样伟大的天才，恐怕自信心也会丧失殆尽，以致将自己的天赋扼杀于摇篮中吧?

所以，作为父母千万不能感情用事，动不动就说自己的孩子“笨”，连这样的眼神和态度都不应当有。孩子的个性差异是非常大的，可以说各有各的智慧，各有各的天赋，只要教育得法，只要他们有自信、肯努力，都会得到很好的发展，都会在社会上找到自己的合适位置，实现做人的价值与尊严。

58 暗示的奇效

西方心理学家做过这样一个实验：选择了一位相貌非常普通，又有些自卑感的女学生，在她本人不知情的情况下让班上的男同学给这个女孩子写信，称赞她的相貌，表达对她的好感。

经过不长的时间，这个女孩子的确变得漂亮了。从照片上看，与原来判若两人。而且变得更加自信了，因此真的赢得了很多男孩子的爱慕。由此可见心理暗示可以改变一个人。

教育子女最重要的就是给予孩子诸如“你真是听话的孩子”，“只要你肯做就一定办到”之类的正面暗示。但可惜的是，现在的许多父母在孩子发生过错时总是会给予孩子“你真是没用”这样的负面暗示，这是非常不可取的。

我们经常可以听到做父母的这样抱怨：“我家的孩子真不听话，让我头痛得要命。我们说得愈多他就反抗得愈厉害，完全不理会父母的话。”但我觉得，世界上没有天生就不听话的孩子。孩子之所以不听话，往往是与母亲给予孩子的负面暗示有关。做母亲的平日唠唠叨叨，对孩子大声责骂，就是最明显的例子。

简单地说，您是否认为孩子应该完全服从父母的理论和权威呢？事实上，孩子会完全接受父母所说的话大约只在小学低年级以前，逐渐长大之后，父母愈是疾言厉色，孩子便会愈想反抗，愈把父母的话当做耳边风。

因为人在被要求或被强迫时，即使对方是自己的父母，也仍然会产生不悦的感觉，从而产生反抗情绪，尤其是孩子已经意识到自己做得不对时，如果别人再加以指责的话，心里便会产生抵触情绪。这种现象，在心理学上称作“需求不满攻击说”，指的是受到父母威胁、限制的孩子，为了发泄心中不满的情绪，会以攻击性的心里故意去做一些父母禁止的事。

以这种心理反应来考量，我们在管教子女时，如果直接提醒他注意，绝对不是一种好方法，如果能以暗示的方法让孩子自己去察觉，那么效果会更好。

一定要暗示孩子不要忽略这件事——要努力多注意到自己。对自己的孩子多说：“你是一个好孩子！”通过这种简单的暗示法，使孩子自然地变得乖巧。

可悲的教学法必然会使孩子们的头脑无法接受平易、朴实和合理的教育。

——［英］欧文

59. 如何对待孩子“早恋”的问题

孩子可能“早恋”的10个信号：

（1）孩子变得特别爱打扮，注意打扮自己，常照镜子。

（2）学习成绩突然下降，上课注意力不集中。

（3）活泼好动的孩子突然变得沉默，不愿和父母多说话。

（4）在家坐不住，经常找借口外出，瞒着父母在公园、歌厅等场所，有时还说谎。

（5）放学回家喜欢一个人躲在房间里，或待在一边想事情，时常走神发呆。

（6）情绪波动大，有时兴奋，有时忧郁，有时烦躁不安，做事缺乏耐心。

（7）突然对描写爱情的文学作品、电影、电视感兴趣。

（8）突然喜欢谈论男女之间的事。

（9）背着家长偷偷写信、写日记，被别人看到赶忙掩饰。

（10）常有异性打来电话，经常收到发信人地址“内详”的信。

当发现孩子有“早恋”的苗头时，家长不要惊慌失措，如临大敌。首先应告诉孩子：喜欢心目中特定的异性是这个年龄阶段的孩子都会遇到的事情，但这种喜欢只能保持在友谊层面，因为你正处长身体、长知识的黄金阶段，生理、心理发育尚不成熟，如果因为“早恋”荒废学业、贻误前途是非常可惜的。

其次，如果发现孩子陷入“早恋”，孩子对所爱慕的对象魂不守舍时，家长不能用讥讽、责骂甚至惩罚的方式来对待孩子，更不能冲向学校、对方家中或向邻里诉苦，弄得满城风雨。最好的办法是理解孩子，体贴孩子，运用“冷处理’的办法来解决问题。要耐心倾听孩子的诉说，但要给予热情、严肃的忠告。引导孩子正确区分友情和爱情，适当讲讲爱情的社会性和爱情的权利责任。明确告诉孩子，中学生谈恋爱最后“终成眷属”的比例极低，而且“早恋”对学业有影响。

最后，家长应鼓励孩子积极参加对身心健康有益的活动，以转移其注意力，释放其充沛的精力。

60. 怎样正确引导孩子的追星倾向

以历史上的英雄或现实生活中的优秀人才为榜样激励自己，这种崇拜是正常的。而迷恋于港台歌星，以致得了追星梦幻症，对生活失去信心，这确实是不正常的。十几岁的孩子很纯真，往往把自己的感情都投入追星活动中，同时十几岁的孩子可塑性又很大，因此作为家长要引导孩子跳出追星族这一狭小的天地。

孩子崇拜偶像有以下三个原因：

（1）孩子成长过程中要实现自我认同，而这种认同就需要寻找理想的榜样来模仿。明星往往是被夸大宣传和美化的，孩子们可能会觉得他们什么都好，因而会把自己的情感寄托在某位明星身上。

（2）受周围的朋友、同伴的影响，为了获得同伴而产生了崇拜偶像的心理行为。

（3）目前社会提供给青少年的榜样太少，影视、书刊里宣传的大多是歌星、影星、球星，青少年接触不到那些科技精英和雷锋式的人物，多数人只能选择影星、球星加以崇拜。

家长在休息之时，要多关心孩子，抽空带孩子欣赏高雅艺术。教孩子欣赏古典音乐、民族音乐，使孩子从单一兴趣转向广泛兴趣。教育孩子把对歌星崇拜的感情留一半给自己，既欣赏别人也珍爱自己，把对歌星的崇拜改为喜欢、欣赏，把对歌星的热忱更多地转移到学业、生活中去，将视野拓宽——世上值得你崇拜的人物很多，世上值得你追求的事情很多，世界是美好的，有很多事情等待我们去完成，我们应发奋、努力。

孩子崇拜明星有如下危害：

（1）学习成绩下降，对生活失去信心。

（2）有的女孩听到某男星结婚或偷情的消息，会立刻觉得“自己受骗了”，闷闷不乐，精神沮丧。这些都会有损孩子的身心健康。

（3）男孩看着自己心目中漂亮、性感的女明星，容易产生性冲动，不利于孩子的身心健康发展。

（4）有的少女发誓“非心中的白马王子不嫁”，从而影响了性心理的发展和日后的婚姻生活。

（5）少数明星文化水平不高、道德素质低下，会对孩子的品行产生不良影响。

没有任何力量比知识更强大，用知识武装起来的人是不可战胜的。

——［苏］高尔基

61. 表扬与奖励的技巧

每个孩子的身上肯定有优点，也有缺点，有长处，也有短处。

在医疗上，医生通常习惯于将病人置于一台大显微镜下，把存在于病人身上的所有病灶统统放大，然后以手术除之。

在教育上，如果也采用这样的指导思想，必定使家长的眼光落在孩子的缺点和短处上。于是，在家长喋喋不休的训斥与指责中，孩子变得自我否定、撒谎与反抗。

在亲子间交往过程中，父母若是从正确、积极、健康的角度去审视孩子，结果又会如何呢？

在这个时候，父母会努力发掘孩子身上的闪光点，表扬与奖励孩子的这些闪光点。在具体的表扬与奖励过程中，父母应注意：

表扬孩子必须有根据。只有在孩子做出值得表扬的事情时，父母才予以表扬，这样才会给孩子留下深刻的印象，从而起到表扬的作用。也就是说，表扬要针对具体的事而不是孩子的人格特点。

有的家长喜欢当着客人和孩子的面，夸奖孩子如何听话，怎样聪明、机灵，等等。其结果是，孩子一直在一片赞扬声中长大，听不得半句批评；在戴惯了高帽子后，容易养成做了一点好事就期待别人赞扬的习惯。

表扬要具体。家长应特别表扬孩子令人满意的具体行为，表扬得越具体，孩子就越清楚哪些是好的行为。

表扬其实包含两个部分：一是家长所说的话语；二是孩子据此作出的推断。表扬越具体，孩子越能够根据家长的话对自己作出实事求是的评价。

例如，孩子在玩完积木后自己把积木收拾到玩具盒里，父母不妨说：“你把积木收拾得这么整齐，真不错！”孩子就可能理解为：我把积木收拾好，爸爸妈妈表扬了我。如果你只是对他讲："你今天的表现真不错。"表扬效果就会大打折扣，因为孩子往往不明白"不错"所表扬的具体行为。

对应该予以表扬的行为，父母要及时表扬与奖励。因为在孩子的心目中，事情的因果关系是紧密联系在一起的。不能时过境迁后才表扬孩子。否则，孩子会弄不清楚为什么受到表扬，因而对所受到的表扬不会留下什么印象，强化好的行为模式更无从说起。

不要吝啬你的表扬。通常父母容易以成人的眼光来看待孩子的所作所为，所以往往不轻易将赞扬声给予自己的孩子。须知良好的行为习惯与惊天动地的成绩是由许多细小的行为环节组成的，要求孩子一下子获得不凡的成就是不现实的。只要是有助于孩子确立良好的行为习惯，并能增长孩子信心的行为，父母就应该慷慨地表扬孩子。

寻求合适的表扬方式与强化物。不同年龄的孩子对表扬与奖励的反应是不同的，即使是年龄差不多的孩子，表扬和奖励方式也要因人因时而异。

年龄小的孩子，父母的搂抱、亲吻、抚慰、赞许以及漂亮的玩具、好吃的东西等物质奖励，都会起到良好的效果。对于年龄稍大的孩子，应采用以精神鼓励为主的方法，如画上五角星、竖大拇指、拍拍孩子的肩膀、承诺孩子一件事情等。

母亲是孩子的第一所学校，她能理解孩子的个性，了解孩子的倾向、爱好，从而能照料他，鼓励他，为他做准备，给他指明前途。

——［科威特］穆尼尔·纳索夫

62. “挑错教育”不会给孩子自信

孩子总是有优点也有缺点的，可是我们的一些家长通常都是拿放大镜看孩子的缺点。不管专家怎样提醒他们“多看孩子的优点”、“要以表扬为主”、“好孩子是夸出来的”，可许多家长就是改不了爱批评的习惯。对多数孩子来说，挨批评是家常便饭，受表扬则是偶尔“会会餐”。

这些家长有一种教育理念：所谓好孩子，就是没有缺点的孩子。孩子的任务是改错，家长的任务是挑错。好孩子就是“没有缺点错误的孩子”，好家长应该是“挑错专家”。

然而最能促进孩子发展的，不是批评，而是鼓励。许多伟大的人物都不是没有缺点的人，而是最大限度地发展了自身优点的人。如果这些伟人从小就被批评包围，一直小心翼翼地做“乖孩子”，他们的长处就可能会被埋没。

所以，以挑错为重点的教育其实是非创造性的教育，是庸人教育。挑错教育的心理基础是恐惧，是害怕孩子学坏，这是一种消极防守的、没有出息的教育观念。

挑错教育真的能使孩子改掉错误吗？不一定。不停的指责批评必然会引起孩子反感，挑错教育是孩子产生逆反心理的根源。孩子一旦有了逆反心理，错误不但不会改正，反而会强化。

成功的教育经验也告诉我们，发展孩子的优势是帮助孩子克服缺点的最佳办法。至于孩子有些小缺点，不理也罢，千万不可拣了“小小芝麻”而丢掉了“大西瓜”。

63. 怎样正确运用“榜样”教育

有些家长在电视或报刊上看到介绍同龄孩子的优秀事迹时，特别是介绍他们渊博的知识和杰出的才华时，往往会这样对自己的孩子说：“你看，他同你的年龄是一样的，可他却做得如此好，而你呢，我看你连他一半都不如。”或者这样说：“你瞧，人家的条件那么差，可学习成绩却这么好，你呢？正好相反，条件不知道要比他好多少，可学习却一团糟，不知道你整天在干什么？”言语中，充满着埋怨和责备。

这样说，出发点当然是好的，希望孩子向榜样学习，但效果一般都不理想。因为这样说，对孩子刺激太大，很容易使孩子产生这样一种逆反心理：“像他这样的全国能有几个？”“你自己（指家长）呢，说不定像他这年龄的时候，你连我都还不如！”“我是不如他，可不如他的又不只我一个”，等等。一旦有了这种心理，榜样的作用也就不复存在了，严重的话，还可能产生消极作用，以后就拒绝学习一切榜样。

孩子在媒体上看到自己同龄人的榜样时，通常都会产生一种敬佩之情，有的还会暗暗与自己对照。这时，如果家长能抓住机会，对孩子及时地进行启发和诱导，那么，这种榜样的作用可能在孩子身上产生积极的效果。

怎样使榜样在孩子身上产生积极的作用，避免消极作用呢？简单地说，就是不要人为地拉大榜样与孩子之间的距离，而是要尽量缩短这种距离，让孩子产生一种可望而又可即的感觉，增强追赶的动机和愿望。比如在电视节目里看到一个书法极好的孩子时，家长不妨这样说：“这字写得真好，不过，我觉得他也不是天生的。孩子，如果你认认真真地练上两三年，肯定也能达到他这样的水平，甚至超过他。”或者这样说：“孩子，你觉得他的字为什么能写得这么好？”让孩子自己寻找答案，待孩子找到答案后再问：“那么，你能不能学学他呢?”

人为地拉大榜样与孩子的距离，只能使孩子产生自卑感，觉得离榜样太遥远了，自己根本无法企及，因而索性拒绝学习；尽量缩短距离，多鼓励孩子能使孩子树立信心，觉得自己与榜样差不多，从而激发孩子追赶榜样、学习榜样的动力。

64. 做孩子的知心朋友

今天，“代沟”已经成为家庭教育的一个热点话题，很多父母苦于无法与“长大成人”的孩子沟通。

其实，这只是孩子成长中的一个普遍问题，做父母的要学会理解孩子的生理和心理变化，尊重他们的人格，做他们一生的知心朋友，而不是永远威严的师长。

最近看到一个美国人写的一篇文章，文章说：孩子小时侯像一条“狗”，忠于主人，眷恋家巢，你只需要喂养他、训练他，让他围着你转。可爱的小狗常常会把头靠在你的膝上，然后深情地注视着你，仿佛你是世界上最美的一幅图画。无论你什么时候招呼他，他都会兴冲冲地跑过来。

可是，孩子一旦长到13岁左右，这个曾经是那样崇拜你的小家伙忽然变成了一只大“猫”。你要是喊他回家，他会用惊异的目光看着你，他也不再尾随于你，而是经常跑得无影无踪，直到他饿了，跑到厨房来看你做了什么好吃的时候，你才会见到他。

如果你像以前那样摸摸他的头表示抚爱，他会转身躲开，还朝你翻着白眼，好像在努力回忆以前在哪儿见过你。如果你没意识到小狗变成了大猫，你会认为他出了什么大问题，或者是怀疑自己做错了什么。于是你内疚、自责，想加倍努力使孩子恢复到从前的样子。

但是，过去有效的方法都失灵了，你让他坐下，他却跳到一边；你叫他，他却跑掉；你越是接近他，他越是跑得远。

其实，你只需像猫的主人那样行事，把装满食物的盘子放在门口，而大可不必主动叫他。但是，你千万别忘了，猫也同样需要你的帮助，需要你的情感。你只要静静地坐着，他自然会来找你，寻求帮助，寻求安慰，有些事

情即使他有些淡漠，也肯定不会完全忘记。因此，他自由出入的房门，一定要随时敞开着。

最终有那么一天，你那长大的孩子会走进厨房，给你一个深情的吻，然后对你说："你忙了一整天，让我来帮你收拾这些盘子吧。"这时，你会发现你的"猫"又变成了"狗"。

最后需要强调的一句是，以上只是从家庭环境的角度浅谈一点看法，而孩子成长在很大程度地还会受到社会环境（包括学校、老师、同学、社会、朋友、媒体，等等）的影响。

因此，随着孩子的成长和活动独立性的增强，做父母的还需要更多地关注孩子所处的社会环境，以便及时而明确地对孩子的成长给予正确的引导。

65. “赏识”教育的具体方法

（1）信任孩子，为孩子自豪。

哪怕所有的人都看不起你的孩子，家长自己也要欣赏自己的孩子，为他而骄傲。

曾经有一位中学教师把 10 个差生的家长叫来，让家长和孩子分别站成两排。然后这位教师一个一个地说，孩子是怎么笨，怎么讨厌，家长们气得脸都发紫了，有的家长还气得把孩子打跑了。只有一位家长，不但没打孩子，还用手扶住孩子的肩膀对他说：“哪怕天下所有人看不起我的孩子，但在我心目中，我的孩子也是最好的，要我打儿子，根本不可能。”

多年以后，其他九个孩子都没有变好，只有这个孩子，在父母的赏识下，终于觉醒了。现在，他正在中央戏剧学院导演系学习。

（2）学会欣赏，尊重孩子。

我们一直在端正对他人的态度，却忘了端正对自己孩子的态度，如果你想教育孩子，就要坚信他是世界上最好的孩子。为什么世界上的每一片树叶都不同，因为每一个生命都是美好的。

仅仅信任孩子还不够，还要欣赏孩子的优点，尊重孩子的思想，用孩子的话说就是要“够朋友”。对于孩子喜欢听的话家长要讲，让孩子在爱的鼓励下不断进步。

（3）学会感激、理解孩子。

人与人之间最需要的是理解，人们有时觉得缺少理解，主要是因为人们有时不会感激。为什么孩子小的时候家长对他很好，那是因为我们感激孩子给我们带来欢乐。

中国的家长，有一个心态：爱孩子，更爱面子。现在的家长爱的往往是

孩子考试的分数，而不是孩子。如果家长总是想：孩子让我们失去了什么？就不可能理解孩子。

（4）学会沟通，激励孩子。

一旦孩子开始和你沟通了，赏识教育就成功了 80%。另外，还要激励孩子。例如：有个叫小琪的孩子经常打人，有一次，他又打人，但是，老师没直接批评他，而是问同学："小琪打人了，但他现在打人多，还是过去打的人多？现在打人狠，还是过去打人狠？"同学们都说："过去。"于是，老师又说："同学们，现在我们批评小琪之前，是不是要先为他的巨大进步鼓掌？"

这时，小琪哭了，从此再也不好意思打人了。这就是无中生有、小题大做的鼓励方法，孩子被赏识，就会有进步的力量。

（5）学会宽容，分享孩子的欢乐。

学会宽容，首先要学会反思，遇到问题不是问孩子"你怎么了？"而是先问自己"我怎么了？"孩子生活在宽容的氛围里，就不会有紧张感和压抑感，就能发挥出无限的潜能。

（6）学会批评，用提醒来教育孩子。

有时候我们自己最容易改掉的缺点，是朋友提醒的，我们把提醒当成生命中最珍贵的礼物。

有些家长批评孩子，批评变成了批斗。现在我们要讲的是进行赏识性的批评。有位老师说："每个孩子我都批评过，但是为什么孩子和我还是特别好呢？因为我的批评与众不同。"这位老师批评孩子时总是说："××，我真不敢相信：像你这么好的一个学生居然会犯这种错误呢？你是老师的骄傲啊！"孩子听了这样的批评，心里不但不会反感，还会觉得很自豪，为了让老师满意，再也不会犯同样的错。这样的批评和提醒，孩子听了很受用。

（7）学会分享，做孩子的朋友。

当孩子成功的时候，我们要分享他的欢乐；当孩子悲伤的时候，我们要分担他的悲伤。婷婷是全国十佳少年，但是有一次考试不及格，她流着泪对爸爸说："爸爸，对不起！"爸爸说："婷婷，你不是要做暴风雨中的海燕吗？海燕是什么时候唱歌？"孩子说："暴风雨来临之际。""所以，你要记住：人生没有一帆风顺，面对暴风雨，不能泄气，应该更加努力、不断奋斗，以后才能有成就！天生我才必有用，最后一名也值得自豪。"孩子听了她爸爸的话，不再难过，以后考试再也没有不及格过。

孩子来到世上，就好像一片小绿叶来到这个世界上，大自然要给他充分的阳光。信任、尊重、理解是孩子与生俱来、不可剥夺的权利，是孩子生命里的阳光、空气和水分。

66. 与孩子一起成长

孩子的出生会引发父母许多遐想，孩子身上也会承载父母的许多希望。

有人常抱怨自己的孩子不爱看书。其实，孩子的一切行为都是向周围人模仿而来的。喜爱读书的父母，他们的孩子通常也会有读书的习惯。

人生中恐怕没有任何一个时期，会像婴幼儿时期那样需要父母的搂抱、亲昵与疼爱。要想搭起图书与孩子之间的桥梁，就要善于利用婴幼儿的特点，让孩子坐在你的膝上，靠在你的怀里，一块儿读书。

亲子共读书对孩子来说，不仅是一种有趣的活动，更是他生命成长过程中的必需。就像宝宝在妈妈的子宫里孕育的时候，脐带输送的不只是生命所需的养分，更是分享、希望与快乐。这是人类区别于其他动物之所在。

孩子的世界五彩缤纷。不要试图用成人的眼光、成人的思维去代替孩子的想象。弯弯月亮、黏着泥土的小石子、一根破木棍，在孩子的眼里，都是一幅十分美妙的图画。如果你告诉他，那一弯细月亮是“下弦月”，石子、木棍上有很多细菌，他可能多了一些常识，但却少了童趣。

当孩子渐渐长大，开始用自己的心去接触世界的时候，他是那么急于表达自己的意见，也很想参与一些事情。没等孩子完全说出自己的想法，父母的吼叫声往往会将他们的另一半话吓回去。做父母的，也常误会孩子的看法，自己却全然不知。

有人说，孩子越大毛病越多。几个月大的时候，动不动就哭；再大一点儿，就不停地向大人提要求，还会把你的书撕坏，在墙上乱画；再大一些，他就开始拒绝你的许多好意，让你恼火。其他的如学习问题、特长问题、体质问题、品德问题，更是接踵而来，一个比一个让人头疼。

孩子有许多让家长头疼的问题，其实是他成长过程中的一些阶段性的问题，大可不必惊慌。有的是因为他想玩，对某些事情感兴趣，而他又不知道这些事情是不能做的，如撕书、乱涂画等；有的因为他的神经系统发育还不完善，还控制不住自己的许多行为。做父母的不必对孩子的一些小毛病耿耿于怀。而要自问，我们当父母的做得又怎样？

重要的是，面对孩子的成长，父母的耐心与智慧是否也会跟随孩子一起长大，变得更尊重孩子，更有同情心与爱心呢？

我认为一个贤明的父亲与其让儿子在儿童时期善于交际，逗人喜欢，不如让他在长大成人以后变成一个能干有用的人。

——［英］洛克

67. 给孩子建个账本

如今，不少家长只知道给孩子零花钱，却很少对孩子进行理财教育。

美国青少年教育家戴尔·布拉德利建议，家长和孩子应坦率地谈论理财的问题，就像谈论家庭作业和足球比赛那样无所顾忌，并认为越早学会理财的孩子，长大后就越会赚钱。

革命导师列宁从小就在父母的督促下，养成了记账的习惯，在他已经23岁的时候还坚持这个习惯，他曾在给他父母的信中说："现在，我在圣彼得堡仍然坚持记小账，掌握着自己花钱的明细。"

美国巨富洛克菲勒是世上第一个拥有10亿美元财产的大富翁，真可谓腰缠万贯，但他给子女的零花钱却并不多，而且从小就培养他们理财的习惯。他给每个孩子一个小账本，钱是每周发放一次，要求子女们把每笔开支用途都在账本上写清楚。待下次领钱时，由父亲进行检查。如果账目清楚，用途得当，下周增发，反之则减，从而使孩子从小学会精打细算和当家理财的本领。

学习这些名人的做法，给孩子建个账本，让孩子通过记账学会理财。从如何花钱入手，进而学会如何存钱，如何作预算，到如何进行投资等一整套理财的本领。

从某种意义上来说，没有理财教育的家庭是不全面的，特别是在当今这样一个经济社会里。让孩子们成为金钱的主人，而不当金钱的奴隶，应当是每一位家长的明智之举。

理智教育的培养，可以使天性凶恶的程度减低或者甚至变成善良的人，因为人是可以由赋予的人性发展人类特性的，这好比把林间的野生植物植在庭院中，经由园丁一番培育，它会开鲜丽的花，结美味的果。

——［俄］别林斯基

阳光教育丛书

68. 尊重孩子的隐私

孩子到初中阶段爱在自己的抽屉上锁，这是他们逐步走向成熟，独立意识和自尊意识逐步增强的体现。家长应该承认和尊重孩子的隐私权。有的家长翻看孩子书包、抽屉里的日记和信件，一旦发现“问题”就粗暴干涉，强迫孩子按照自己的思维方式办事。这种“爱心”不但会侵犯孩子的隐私权，而且会严重阻碍孩子的健康成长。尽管孩子内心的秘密有正确的也有错误的，但毕竟是孩子成长过程中的思想产物，也是孩子身心发展的正常现象，因此，为了尊重孩子独立的人格，必须尊重孩子的隐私。

尊重孩子的隐私，家长必须做到如下几点：

（1）家长不要轻易翻阅孩子的日记。

青春期的孩子开始用怀疑的眼光看待世界，认识自己。他给日记加上锁，是想拥有一个安全地带独自认识世界，认识自己。

在一些孩子心目中，日记是这个世界上唯一完全属于自己，也仅仅属于自己的东西。在那里他可以静下心，试着让各种浮躁的感受沉淀下来，把纷乱的思绪梳理清楚。

这个时候，父母亲如果强行或私下看孩子的日记，孩子就会感到无私人空间受到侵犯，从而感到羞辱、气恼，产生令父母惊讶、激烈的情绪反应。

（2）了解锁闭期青少年的身心特征。

初中阶段的孩子正处于身心的第二发育阶段，这个阶段的孩子除了身体发育之外，心理也开始变化，其中最突出的就是自我独立意识增强了，认为自己已经长大了。这是一个开始构筑自我世界的过程，而在这一过程中的孩子都把自己看得很独特，并很怕别人发现自己的秘密。孩子成长过程中的这一特殊阶段称之为“青少年锁闭期”。

（3）正确了解孩子内心的方法。

在复杂的社会环境中，不健康因素可能会影响孩子，但家长掌握孩子的心理动态时，不应通过侵犯孩子的隐私权来获取孩子的信息，了解孩子的心灵；而应以朋友的角色与之融洽相处，在充分尊重孩子人格和隐私的基础上，平等对话、交流情感、循循善诱，让孩子主动敞开心扉，把内心秘密告诉你。

（4）尊重孩子的隐私权，却不放松警觉性。

尊重孩子的隐私权，这是一个家长应该注意的问题。但具体问题要具体分析，有的法律界人士认为，当孩子不满 18 岁，对自己行为尚不负有法律责任时，作为监护人的家长，对孩子的成长应有高度的责任感和警觉性。如果已经觉察到孩子有危险的出格行为或遭受到某种威胁时，或者孩子没有判断能力与控制局面的行为能力时，家长就要果断采取非常措施，及时了解“私密”，防止事故发生。这一点，家长是必须把握的。

69. 怎样对待孩子爱打扮、赶时髦的问题

由于少男少女们对美的本质认识较肤浅，在追求美的时候往往会出现一些偏执倾向，如盲目节食减肥保持苗条体形，穿着打扮过分追求成人美，追随时尚、刻意修饰、矫揉造作，因此也就失去了青少年纯真、健美的青春气息。

针对孩子的爱美心理及对美的认识偏差，家长应注意培养孩子健康的审美情趣，使他们懂得什么是真正的美。要使孩子明白美是寄寓在和谐、统一、协调、相宜之中的。一个清清丽丽的女孩把自己打扮得珠光宝气便俗不可耐，与中学生的身份极不协调！盲目节食减肥即使成功，却也成为一个体弱多病、弱不禁风的人，还有什么美可言呢？家长要使孩子明白美不仅仅停留在外表上，更体现在内在品质上。一个人如果其外表是美的，而他在言行上却粗俗不堪，是谈不上有任何美感的，中国有句老话叫“秀外慧中”，“秀外”即外表美，“慧中”即心灵美，只有既“秀外”，又“慧中”，做到内外和谐统一，才是真正的美。

一名学生的主要任务是学会如何读书，如何做人。外表应保持中学生健康、活泼、清新的自然美和青春美，同时应多读些能提高自身素养的书籍来陶冶情操，随着文明程度和知识修养的提高，做到既“秀外”又“慧中”，使自己成为一个真正的“美人”。

青春期的孩子爱美是正常现象。青春期的孩子伴随着自我意识的增强，他们比较“爱美”了，爱打扮自己了。青春期之前，父母怎么打扮他们都可以。但孩子进人青春期之后，他们在关心自己内心世界的同时，也把一些兴趣和时间用在如何打扮自己以及别人是怎样打扮上面。在穿衣、发型等装饰上，他们喜欢表现得比较“时髦”，尤其在外表上，特别喜欢引人注目，喜欢

得到他人的赞美以及不甘心落后。对于少女来讲，把兴趣用在外表打扮上，是有其特殊的心理功效的：可以引起同性女子的羡慕。每当出现这种情况的时候，她们就感受到一种心理上的满足。

父母对子女的早年教育绝不是一种无效劳动。虽然在某些年月里，好像被教育者处于沉睡状态，没有见到效应；但是，将来总有一天，会看见大有好处的。

——［英］笛福

70. 怎样应对孩子的挑衅

有的孩子很富挑衅性。就像是一只小刺猬，动辄发怒。父母很难侍候他，如叫他吃饭，他故意挑剔说：“菜不好吃，不想吃。”要父母反复求他，甚至惹得父母发怒才肯吃。

还有这样的小孩子，妈妈准备带她去朋友家做客，让她将身上弄脏的衣服换下，她就是不肯换，妈妈强行给她换上，她就拼命挣扎，大喊大叫，将妈妈好不容易给她穿上去的衣服又脱了下来，让妈妈渐渐失去耐心，逼着妈妈与她“打仗”。

设身处地地想一想，孩子挑衅时，父母也很难保持冷静，很难以友好的态度对待孩子。父母往往倾向于给这样的孩子一个教训，让他尝尝厉害。双方的这种敌对心理会对亲子关系造成伤害。

明智的做法是，父母从冲突中退出，不理睬闹别扭的孩子，他没有对手便自知无趣，最终会放弃对抗。

其实，孩子们十分依赖自己与父母之间的联系，只有这样才有安全感与归属感。父母的撤离，留给他们孤独的感觉，这是孩子们很不喜欢的。

还有一种情况是孩子故意挑衅，试探自己究竟能将父母推到哪里，界限在哪里，或是想探知父母对自己怎么样，他们是不是有办法对付自己，就像捉迷藏一样。如果父母能及时从他们的挑衅行为中退出，等于告诉孩子“你太过分了，已经超过我忍耐的限度了”。孩子们会很快地领悟到其中的道理，调整自己的行为，重新回到与父母合作的状态。

71. 怎样面对孩子的不良品行

家长对于孩子的不良品行要有正确的认识。道德品质的缺陷对孩子的成长是不利的。不良品行长期得不到矫正，孩子不仅不会幸福，还可能导致孩子违法犯罪。但是由于孩子的可塑性很强，改变其行为还是可能的。这个改变过程有一定难度，可能会遇到各种阻碍，不良行为矫正过程中也可能出现反复。所以，家长一定要做好心理准备。具体应注意以下两方面：

（1）了解孩子，及时将孩子的不良品行消除在萌芽状态。在孩子的不良品行还没有形成的时候进行矫治是比较容易的。因此，家长如果在孩子出现不良品行的苗头时及时制止，效果会比较好。当孩子出现这些情况时，家长应该重视：不爱学习，成绩突然下降；放学不按时回家，在街上游荡；看不良书刊；突然特别注意并改变穿着发型；性格和行为突然发生变化等。

（2）取得孩子的信任。当孩子出现不良品行后，他们往往对父母和老师都有防备心理，不愿向父母表达真实想法，因此也难以接受家长教育。对于这种情况，父母对孩子的态度一定要温和，要以真诚的爱去打动孩子，让孩子知道，即使他犯了错误，父母也是不会嫌弃的。只有让孩子感受到被爱和信任，孩子才能对父母产生信任，才愿意配合父母的教育工作。

要矫治孩子的不良品行，必须先了解品行不良的表现。品行不良通常是指违反社会道德准则或犯有严重道德过错的行为表现。违法犯罪往往是品行不良的结果。在小学阶段，这种现象只发生在少数学生身上。当前小学生中品行不良的主要表现包括以下几个方面：

（1）不守纪律，不讲文明礼貌。具体表现为不尊敬师长，不团结同学，破坏公物等。

（2）攻击行为。表现为经常欺负同学或打架斗殴，更严重的是一些孩子经常打群架。女孩子的攻击行为一般不针对身体，其形式通常是吵架、在背后说别人坏话等。

（3）偷窃、敲诈。小学生的偷窃行为既包括小偷小摸，也包括开门撬锁，有时还会形成盗窃团伙。在有些地方，还出现了小学生因受不了长期被校园“恶少”威胁、勒索而自杀的事件。

（4）赌博。有的地方由于受社会风气影响和一些所谓“赌片”影视的影响，小学生中出现了赌博的现象。有的是打扑克赌博，有的是玩电子游戏赌博，还有的是通过其他一些方式赌博。赌博容易引起孩子的懒惰心理，养成通过不正当渠道获取金钱等不良品行。

（5）说谎、作弊。小学生说谎常常由于父母教育方式不当造成；而作弊行为则受社会风气、学校班级风气的影响。在校风不好的学校或班级，许多孩子都有过考试作弊等行为。

72. 怎样对待攻击性强的孩子

对待攻击性强的孩子，应采取以下四种手段进行干预：

（1）要慎重采取惩罚手段。在孩子打架或发生别的攻击行为后，家长应该进行干预。在干预时如果采取简单的惩罚，特别是体罚，反而会成为孩子发生攻击行为的榜样，起到了强化孩子攻击行为的作用。因此，对攻击性强的孩子应以疏导教育为主。另外，在孩子控制了攻击性行为后，应及时给予表扬。对于小学生，这种正面教育的效果往往好于负面教育。

（2）培养孩子的同情心。如果孩子能理解他人的情感，能体验攻击行为带给他人的痛苦，对他人具有同情心，就能控制自己的攻击行为。在日常生活中，家长多表现出对于弱者的同情等，有助于孩子形成同情心。

（3）教给孩子处理人际冲突的方法。在孩子出现攻击性行为后，家长要问清攻击性行为产生的原因。对于正当的理由要加以肯定，但要引导孩子寻找解决问题的正确方式。

（4）为孩子树立良好的榜样。孩子尤其是低年级孩子看的书籍、电视和电影应该有所选择，同时父母也要给孩子树立榜样。

孩子出现攻击性行为主要有以下四个原因：

（1）模仿形成。小学生模仿他人行为的能力很强，模仿电影、电视节目中的暴力攻击、格斗行为容易使孩子出现攻击性行为。另外，父母和周围的人也是孩子模仿的对象。如果这些人遇事常诉诸暴力，孩子会在潜移默化中受到影响。

（2）孩子的合理要求常得不到满足，因此而产生的挫折感会导致攻击性行为发生。如果小学生的要求得不到满足，在生活中处于劣势的地位，他们就可能将不满发泄到其他孩子身上或物品上。

（3）攻击行为有时是孩子试图引起周围人关注的方式。为引起别人的注意，孩子就会有意无意采取打架闹事等行为方式，以引起父母和老师的注意。

（4）缺乏处理与他人冲突的技巧。在与他人发生冲突时，有的孩子没有找到解决问题的正确途径，只好打架、吵架。特别是一些男孩子，错误地认为攻击性行为是男子汉的表现，误认为以这种行为方式来解决冲突能够显示自己的勇敢、气魄和主见。

你希望你的孩子成为怎样一种人，你就得在自己的言行中争当那种人。

——［美］西格莉夫人

73. 怎样矫正孩子的说谎行为

矫正孩子的说谎行为，家长要做到：

（1）了解孩子说谎的原因。孩子说谎时，不能立刻简单地认为其道德品质不好而给予惩罚。只有了解了孩子说谎的原因才能对症下药。

（2）让孩子认识到诚实的可贵。可以通过孩子喜欢的童话、故事、游戏等使孩子认识到说谎者只能获得暂时的好处，最终会被识破，下场是可悲的。

（3）不要强化孩子的说谎行为。不能让孩子从说谎中得到好处，如果家长没有确切的证据，不能确认孩子是否说谎，不必指责孩子，只要不让孩子从谎言中得到满足就行了。

（4）强化孩子的诚实行为。事实上奖励诚实行为比惩罚说谎更有效。特别是当孩子主动承认错误时，一定不要先批评其错误行为，而要先表扬他的诚实做法。

（5）由于孩子的许多说谎行为与家长不正确的教育方式有关，因此家长要勇于找出自身的原因，改变不恰当的教育方式。

了解孩子说谎的原因可有效矫正孩子的说谎行为。通常孩子说谎有以下原因：

（1）父母不诚实，或不履行对孩子的许诺。

（2）说实话受到惩罚。

（3）孩子为了获得某种利益。

（4）为了在别人面前炫耀自己、抬高自己的身份。

（5）有时是找借口推脱，避开别人的纠缠。

（6）有时是一种善意的谎言，等等。

此外，家长要正确区别“机敏”与“说谎”。孩子放学回家，得意洋洋地对家长说："今天我忘了将作业本带去学校了，老师叫我回来取，我不愿多跑一次，就说没有家门钥匙取不了。于是老师就说算了，爸、妈，我聪明吧!"就此事而论，孩子表现的不是机敏，而是说谎。孩子自以为很聪明，少跑一次，如果家长也认为这是孩子"机敏"的表现，以后孩子的这种行为会越演越烈的。所以，对待孩子说谎，特别是第一次说谎，家长不能听之任之，更不能把这种行为说成是"机敏"，这会害了孩子。

但另一方面，人的一生中，从没说过一次谎是不可能的，有时说谎确实是一种机敏的表现。比如明明得知自己的亲人得了绝症，为了宽慰病人，全家隐瞒，诡称病人得的是种可以医得好的病，给病人以信心。在与朋友、亲人交往中从尊重别人、爱护别人的角度考虑，可适当采用"机敏"的方法。

如何区别孩子的机敏和说谎，涉及对孩子良好品性的培养，影响到孩子的健康成长。决不能姑息迁就说谎的孩子，要帮助孩子认识到说谎是可耻的，是不诚实的表现。孩子只有真正认识到诚实可贵，长大了在复杂的社会和人际关系中才能分辨出什么是说谎，什么是机敏，才能在不同情况下正确地使用不同的方式。

74. 怎样杜绝孩子说粗话

孩子刚开始说粗话骂人时，父母应先让孩子明白，讲粗话骂人是不好的；好孩子是从来不说粗话、不骂人的；小朋友之间说粗话是极不文明的，更不能到处乱说。

要阻止孩子与爱讲粗话和爱骂人的同伴交往，或当孩子与讲粗话、爱骂人的孩子一起玩时，可教孩子对同伴讲："骂人、讲粗话不是好孩子，我不和你玩了"。杜绝孩子受不良习惯的影响，从而使孩子从小养成良好的语言习惯，成为一个讲文明、懂礼貌的人。

同时，也不可否认，孩子爱讲粗话骂人，有些是受自己的父母亲和家庭其他成员的影响所致。有些父母由于文化素质不高，文明礼貌习惯差，在家动不动就责骂孩子，在公共汽车上与同车乘客吵架，在市场上和售货员争执，这些行为都会影响到孩子。孩子在这种环境中生活长大，自然容易学会讲粗话，以致长大后满嘴粗话，不堪入耳。要使孩子成为一个讲文明、懂礼貌、有教养的人，父母自己首先必须是一个讲文明、懂礼貌、有教养的人。

孩子讲粗话不仅影响自己的形象，也有损父母形象。有时在公共场所看到一些长得白白胖胖、漂漂亮亮、天真可爱的孩子，人们都会从心底里涌出一股喜欢之情，如果孩子一开口就满嘴粗话的话，人们马上就会感到惊讶和讨厌："真徒有其表，不知孩子的爸爸妈妈是怎么教育的"。所以家庭管教严的父母初次听到孩子说粗话时，确实会大动肝火，为此会严厉责备孩子。但是，父母亲应该冷静下来，考虑该如何禁止孩子说粗话，切不可以以同样的方式谩骂孩子，这样只能适得其反！其实 3 岁前的孩子突然间讲粗话或骂人，大多数是无意识的。他们根本还不明白这些粗话的真正含义，只不过是从小朋友或成人口中学来的，觉得好玩。不过父母应立即纠正，不能让孩子习以为常，否则长大了再纠正就不容易了。

75. 孩子被同伴打了以后怎么办

现在很多年轻父母生怕自己的孩子在外面吃亏，往往在自己的孩子被同伴打了以后，用“以牙还牙”的抗争意识来教育孩子，这是不妥的，也是不可取的。“人不犯我，我不犯人，人若犯我，我必犯人”，这是敌对斗争的原则。无论在托儿所、幼儿园，还是小学、中学阶段，如果每个家长都用这种方法来教育孩子，那么培养出来的孩子可能都是一些互不相让、大打出手、一个比一个凶的人，如此一来可想而知社会将会变成什么样子。小朋友之间，今天吵了，明天就又好了，大可不必用这种对待敌人的方法来对待小伙伴。小孩子的心灵是美好的、纯洁的，学校里的教育也以正面为主。孩子之间发生纠纷，甚至出现扭打现象是常见的，也是非常正常的。因此，当自己的孩子被同伴打了以后，建议家长：

首先要冷静，问清楚双方发生冲突的原因。如果是自己的孩子不对，不但不能护短，还要进行教育。如果自己的孩子确实是被人无故欺负，要教育孩子以后再遇上这类事时应如何在蛮横者面前敢于评理，以理服人。在对方仍蛮横无理时，要敢于在自己班级上造成正确舆论，或向老师反映要求处理。事实上，明辨是非，使恶习不能抬头，使正气发扬光大，也有助于子女学习正确的为人处世之道。摆事实，讲道理，明辨是非，敢于与某些不良行为抗争，是培养子女优良品质的一个不可缺少的方面，从小就应有意识地对他们进行培养。这样，他们将来在社会遇到危害人民的违法现象时，就能正确对待，而不是用大打出手的方法来解决。

此外，在孩子与同伴发生矛盾时，应让孩子学会宽容。人总是生活在一个群体里，由于每个人所受的教育不同，性格、兴趣、禀赋也差异很大。交往之中，常常会发生这样那样的摩擦，也许你伤害了别人，也许别人冒犯了你，如果大家没有宽容精神的话，就会反目成仇。如果此时每人都能多一点理解和谅解，学会宽容，彼此间也许会靠得更近一些，友谊也会更深一些。

76. 如何避免孩子滑向犯罪深渊

避免孩子犯罪，家长要做到以下三点：

（1）要营造良好的家庭氛围。要提倡家庭民主和平等，增强家庭成员间的亲密关系。这样子女对家长的对抗情绪会减弱，从而容易接受家长的教育。子女也不会因为得不到家长的关爱而到外界去寻找寄托，从而减少了受外界不良影响的机会。良好平和的家庭氛围也有利于缓解青少年躁动的情绪，促进他们人格的健康发展。

（2）要加强交流沟通。家长要与子女多交流思想，听子女谈谈对事物的看法。这样，家长就能及时发现子女的不正确观念，并把一些正确的思想观念灌输给子女。

（3）培养孩子健康的兴趣爱好。家长要了解子女的特长，有意识地培养子女健康的兴趣爱好，创造条件让他们把兴趣持久地发展下去，特别是要激发他们的好胜心，让他们体验通过努力获得成功的喜悦。这样，就能避免孩子形成不良情绪和性格。

孩子犯罪既受家庭因素影响，也是少年的心理弱点使然。其中家庭因素包括如下五项：

（1）父母离婚、再婚或分居。这种家庭对子女心理上所造成的恶劣影响，较之父母双方中任何一方自然死亡要大得多。

（2）养子不教子。

（3）对孩子的学习抓得特别紧，近乎苛求。

（4）袒护纵容。

（5）教唆指使。

此外，青少年的心理弱点也容易使其滑向犯罪深渊。具体地说，青少年具备以下心理弱点：

（1）表现欲强。青少年的体力和运动能力得到极大增强，很想表现自己，喜欢争强好胜，甚至在一些违法犯罪行为中也要争先逞能。

（2）自主性强。随着思维的发展，青少年喜欢独立思考问题，坚持自己的观点。但由于知识经验的缺乏，他们认识事物时往往存在片面性、表面性和主观性，不能正确认识事物。

（3）自控力差。青少年时期，人的神经系统发展不平衡，兴奋过程比抑制过程占优势，情绪不稳定，容易冲动。他们往往会因一件小事而引起强烈的情绪反应。如许多青少年犯罪都是激情犯罪，带有很大的偶发性。

（4）自尊心强。青少年往往通过别人的评价来认识自己，也特别希望得到别人的尊重。因此他们十分在意别人的评价，常常因别人的肯定评价而兴高采烈，因否定评价而激怒或消沉。

（5）个性特征不稳定。青少年的个性特征正处于发展、形成阶段，有很大的可塑性，容易受外界因素的影响。他们缺少社会经验，意志薄弱，特别容易接受不良影响，形成不正确的世界观、道德观，容易是非不分，视丑为美。

77. 什么是心灵虐待

虐待容易使人理解为对肉体的一种伤害。的确，在现实生活中，有的家长“望子成龙”心切，教育方法不当，往往行为过激、粗暴，甚至对孩子体罚过度。而这里要提出的是易被人们忽视的另一种伤害行为——对心灵的虐待。

一次在幼儿园门口，我见到一位母亲仅仅因为孩子没有被评上先进而声色俱厉地斥责孩子：“每个星期都是这样，不见你有长进，我怎么就有你这样不争气的女儿！”这种斥责方式，无疑是对孩子的一个沉重打击。这与一顿粗暴的殴打没有两样。它虽然没有造成显著的外部伤痕，但后果却是灾难性的。因为“心灵虐待”可以将一个孩子的自尊心完全毁灭。而这种虐待的方式，往往还因为有亲戚或外人在场使恶果得到强化。许多遭受父母痛骂的孩子心灵上受到创伤，丧失了信心和勇气，甚至变得自暴自弃。

冷漠——不易察觉的“心灵虐待”。有的家长由于太专注于个人的事业，或因生活压力大，情绪不好，或婚变等，对孩子态度冷漠，使孩子望而生畏，致使他们逐渐地将心灵之窗关闭。正常的孩子对父母都有一种天然的亲切要求，这在心理学上称为“安全依附”。当需要支持和保护时，他们知道从父母或者其他爱他们的成年人那里就可以得到。有的家长总是用天才儿童的模式或成人的标准来衡量自己的孩子，去苛求孩子。

有些家长对孩子的进步总以为是理所当然，不加肯定，而对他们哪怕是一点点过错，就大动肝火，呵斥不已，讥讽挖苦，刻意贬损，侮辱孩子的人格，弄得孩子手足无措，垂头丧气，深深地伤害了孩子柔弱的心灵。

支配——许多家长总是把自己的意志强加给孩子，或斥责，或恐吓，用种种手段禁止孩子去独自探索外面的世界，这无异于一堵看不见的墙，把孩子的精神世界禁锢起来，使孩子缩手缩脚，胆小怕事，孤独忧郁，从而扼杀孩子天然的好奇心，可以说，这是心灵虐待中最为恶劣的一种。

作为家长，要非常清楚心灵虐待对孩子造成的伤害。家长应自我调整，以平常心看待自己的子女，对孩子的要求要适度，要根据孩子的特点来教育孩子，要讲究教育的方法和艺术，要有耐心。无论孩子是“多么愚笨”、“多么没有希望”、“多么不可救药”，都要相信他们始终有闪光之处。孩子虽小，但得到尊重与爱抚是他们神圣不可侵犯的权利。相信每一个孩子都不会对善良、爱抚、真诚和亲切的言语无动于衷，这应该是我们每一个家长教育孩子的信念和基础。著名的教育家克鲁普斯卡娅曾说过：“对于双亲来说，家庭教育首先是自我教育。”希望家长能从中得到启迪，善待自己的孩子。

78. 少年犯罪的心理成因

12～15岁是由少年到青年的转折期，这是一个在身心发育方面充满矛盾、很不稳定的时期。从生理上看，身高体重增长速度较青春期前快1～2倍，精力旺盛；从心理上看，由于生理方面的迅速成熟，而自我认识水平尚未提高到同一水平，因此一旦客观环境适应不了，心理平衡便会遭到破坏。

教育专家认为，不少15岁左右的孩子根本没有忍耐观念，这些人多半成了问题学生，尽管智力不比别人差，但成绩却因不肯用功而落后一大截，他们做什么事全凭冲动，心血来潮，逞一时之快是他们的典型特征。

大多数儿童和少年的攻击行为是通过模仿而获得的，并通过各种形式得以强化。缺乏自我克制能力的孩子不见得家教不严，事实上他们都经常受到严重的体罚，偶有小过失就遭到父母的指责或体罚，但没有纪律作为后盾的管教，没有任何意义。因为父母本身不能做表率，他们在孩子面前酗酒，大打出手，缺乏自制，不讲尊严，背信弃义，经常向孩子说："照我的话去做，不要学我的样"。如果丈夫时常殴打妻子，那么在儿子打妹妹时，父亲要儿子控制情绪又能起什么作用呢?

愿意在孩子身上花时间的父母，在问题发生之前，他们就会对症下药，用称赞、鼓励和责备，巧妙纠正孩子发展的方向，使问题及时得到解决。他们会注意孩子吃蛋糕、做功课、撒谎或回避问题的方式，他们会仔细倾听孩子讲话，这收紧一点，那放松一点，用小小的教训、亲吻和拥抱或不经意的拍肩膀的动作，把一切差错在扩大化之前就及时纠正过来了。

父母肯陪孩子一块受苦，他们会感觉得到的，虽然他们不见得会立刻流露出心中的感激之情，但他们会因此懂得受苦的真谛。他们会告诫自己："如果父母愿意陪我受苦，受苦一定不是坏事，我也应该使父母和自己摆脱痛苦才对。”

真正拥有父母亲情的孩子，即使偶尔赌气抱怨受忽视，潜意识却很明白并非如此，而是觉得“我是一个有价值的人”，这种自知之明是健全心理的要素，它直接来源于父母的爱。这样的自信必须自幼培养，成年后再想培养就事倍功半了。从小就沐浴在父母之爱中的孩子，即使成年后遭遇挫折，也因有着坚强的自信心而不至于犯罪或毁灭自己。珍惜自己如此重要，是因为当一个人肯定自我价值时，就会采取一切必要的措施来照顾自己。

因此，从美国不断发生的校园枪击惨剧中，我们应该理智地认识到：少年犯罪可以通过外界加强法制、净化社会、实施刑罚来控制，但重视家庭教育更有助于减少少年犯罪。

79. 孩子自私怎么办

在一篇文章中，我这样写过，爱过剩会加重孩子的自我意识，形成自我中心的心理定势，于家庭社会均有害，劝家长爱孩子有度。

当你发现孩子有自私的毛病，你该怎么办呢？

（1）让孩子在家庭生活中扮演合适的角色。家长要明确告诉孩子：家庭中每个人的行为都应符合自己的身份，家长应关心孩子，而孩子也应孝敬长辈，每个成员都是相互依存的。家里的事要大家一起做，好东西理应大家共同分享，不能一人独占。

（2）让孩子在学校和邻里之间结交朋友。孩子在家里的大多数时间是独自学习和玩耍的，自然很少考虑到他人，孤独的环境形成自我中心是必然的。要改善这种情况，家长应鼓励孩子与同学、邻居发展友谊，如欢迎孩子的同学到家里来玩，也鼓励孩子到同学家里玩耍；让孩子帮邻居取报、到邻居家去借还东西等。这些交往会使孩子体会到人与人之间互相关心、互相帮助的温情并逐步学会关心他人。

（3）鼓励支持孩子积极参加集体活动。自私的孩子在集体中往往显得格格不入，做事斤斤计较，而有些家长则认为参加集体活动没意义、影响学习，这是错误的。孩子只有在集体中才能培养、锻炼与他人合作的能力。因此，家长应经常了解孩子在集体中的表现，在孩子集体活动后听孩子讲感受，让孩子为集体服务，引导孩子在集体活动中遵守纪律、团结互助、勇挑重担，从而帮助孩子消除狭隘自私、害怕吃亏等错误思想。

（4）帮助孩子认识到自私的危害。许多孩子之所以自私，就是不知道自私的害处，反而常因自私而觉得占到小便宜。孩子年龄小，常以眼前利益来判断是非不足为怪，家长应帮助孩子认识到自私的危害性，如讲一些人因从小自私，长大后个人主义恶性膨胀，因而犯错误甚至走上犯罪道路的例子。督促孩子改掉自私的毛病，逐步养成关心他人、关心集体的好习惯。

你知道用什么方法一定可以使你的孩子成为不幸的人吗？这个方法就是对他百依百顺。

——［法］卢梭

80. 如何矫治孩子的“人来疯”

孩子发“人来疯”主要有以下三个原因：

（1）如果家庭生活过于单调，满足不了孩子不断寻求新鲜刺激和追求新变化的心理需求，一旦有客人来访或外出做客，原有那种有规律、较平静的气氛就被打乱了，孩子感到很新奇、很带劲，便会激动兴奋，因此也就表现得出格了。

（2）如果家长平时对孩子管教过严，卡得太死，使孩子没有一点轻松和自由的感觉，现在客人来访了，父母忙于招待客人，放松了对孩子的管束，孩子便趁机疯起来。再加上有些家长一旦家里来了客人或外出做客，对孩子的要求就会相对放宽，对孩子出格的举动，有时碍于面子就只是不痛不痒说几句，这使孩子错误地认为反正在客人面前父母也不便过多指责自己，便把客人来时或出门做客当作为所欲为、大发“人来疯”的好机会。

（3）在客人来访或外出时对孩子不予重视，也会促成孩子“人来疯”。一般情况下，家里来了客人或外出做客，大人们往往只顾自己谈笑，把孩子晾在一旁。有时孩子想和大人说说话，也会被父母支走。孩子为引起大人们的注意，就会做出些反常的举动，以显示自己。

矫治“人来疯”可采取以下方法：

（1）家长平日应尽量使家庭生活丰富多彩，富于变化；经常带孩子外出，多接触社会，使孩子见多识广。

（2）父母平时不要把孩子管得太严，应给孩子一些自由，让他们做些自己愿意做的事，这样孩子在客人面前也就不会疯起来了。父母也不要因为客人来访或在客人面前一改常态，对孩子放任不管，父母对孩子的要求要有一贯性，平时不要太严，客人来时也不要放松。

（3）父母串门时不要置孩子于不顾，有些活动可让孩子一起参加，使孩子感到自己是被重视的。

（4）为了不使孩子在客人来时或外出访客时“人来疯”，家长还可以在客人来到前或出访前，先向孩子提出要求。

当孩子出现“人来疯”苗头时，家长可及时提醒。事后，家长针对孩子今天的表现作出客观的评价，使孩子真正意识到自己在客人面前所应有的举止和行为。

善良要靠善良来培育，邪恶离不开邪恶，这是教育学、日常生活教育学，我们社会成员间相互关系教育学的一条极为重要的规律。

——［苏］苏霍姆林斯基

81. 怎样指导孩子学习

当孩子开始上学以后，母亲就会将注意力集中在孩子的学习成绩上，为了让孩子取得更好的成绩，开始拼命地指导。可是有些指导方式杂乱无章，严重的还会扼杀孩子的学习欲望和思考能力。其中有些名为指导，实际上是母亲自己在做家庭作业，而且，如果孩子不能马上回答问题，可能还会责骂孩子“为什么不好好想一想”，甚至帮他回答，而没有发现自己并没有给孩子足够的时间思考。

指导孩子学习，家长要做到以下三方面：

首先，孩子被提问之后不能马上回答问题，说明他的思考还不充分，回答需要花费相当多的时间，所以必须要给予他足够的时间来思考。其次，孩子有时可能明知答案为何却回答不出来，可能因为他害怕回答错了得到不好的评价，此时，就需要鼓励他加油。最后，可能孩子认为他晚点回答的话，你就会告诉他正确答案，因而慢吞吞地等待你的答案。所以在孩子回答之前，绝不要告诉他答案。应对孩子说：“我等你，自己慢慢想哦!”“做得不错哦!再想一想，加油哦!”“好可惜哦！可能难了点吧！等一下妈妈再教你。”用这样的方法引导，孩子很快就会进步。

82. 关注孩子的学习积极性

孩子开始上学以后，心急的母亲最常犯的错误就是过于担心结果，好不容易让孩子坐在书桌前，刚感到安心时，就听到孩子说："妈妈，作业写完了。"母亲可能会感到失望地说："才刚开始，这么快就结束了？"

可想而知，为了达成母亲的期待拼命写完作业的孩子听到这句话时，心里是多么失望，可能连读书的念头也都消失殆尽了。因为自私而将孩子的学习欲望抹灭，不是太过残忍了吗？随着孩子年龄的增长，家长应该慢慢地培养孩子读书的兴趣，等孩子长大以后他就会自己用功了。

当孩子向你报告说"作业写完了"时，你应该为他感到高兴，并称赞他很辛苦或者是能这么早做完作业真乖。这样孩子就会非常高兴，以后学习时就会向你报告，渐渐地就会喜欢学习了。

希望孩子用功的母亲，有一点需要特别注意，那就是看见孩子没在学习时，不要喋喋不休唠叨个不停，等到他开始学的时候，又安心地不表示任何关心，而应马上对孩子说："真乖！""真用功！"只有这样，孩子才会有兴趣好好学习。

83. 让孩子参与家务劳动

在孩子身上常见这样的情形：看到母亲在做什么就想帮忙，但往往会给母亲造成很大的困扰。洗衣服时，可能会突然把手放进去搅拌一番；淘米的时候，会突然将满是泥巴的手放进去，所以母亲才会说“我很忙，走开”而把孩子赶走。

孩子想帮忙却没有得到指导，可能就会因此而影响孩子以后做事的，以后对家事不再关心，也不想帮忙，等到你想要孩子帮忙时，他还会找借口推掉，长此以往，长大以后他也不太会做事。

所以，当孩子想要帮忙时，就算觉得麻烦，也不要将他赶走，如果他想洗衣服时，就让他在洗脸盆洗条小手帕；如果他想帮忙煮饭的话，就让他帮忙洗洗小盘子之类。总之，他想帮忙时，就让他体会到可以成为大人同伴的喜悦，而有做家务活经验的孩子将来自己生活时也不会觉得辛苦。

84. 如何消除孩子的心理疲劳

心理性疲劳有如下表现：

（1）有的孩子不爱上学，不愿见老师，甚至每到上学前，孩子就喊“肚子疼”、“头痛”等。

（2）有的孩子不愿做作业，一提作业就发憷，一看书就犯困，不愿翻书本。

（3）即使在没有外界干扰的情况下，孩子也常常不能集中注意力。有的孩子虽然也在看书，却看不进去，记不住书中的话。

（4）不愿大人过问学习上的事情，对父母的询问常保持沉默，有时表现出烦躁情绪，甚至经常转移话题。

（5）上课时经常打不起精神来，但在课后却十分活跃。

消除心理疲劳的方法如下：

（1）父母要减轻孩子的精神压力，对他们要有全面的了解和正确的估计，对孩子的学习不能单纯从分数高低来衡量，要看孩子学习的原有基础，每次考试试题的难易程度，孩子学习上的困难及临场发挥等诸多方面的因素。对孩子成绩要做纵向比较，即把过去和现在比，从中看到孩子的变化与进步。

（2）要经常告诫孩子应该做到“胜不骄，败不馁”、“失败是成功之母”，培养孩子坚强的意志和坚韧的毅力。在对孩子作适当严格要求的同时，还要融入家长对子女的一片慈爱之心，力求鼓励多于斥责，切不可粗暴打骂，致使孩子丧失学习的信心。

（3）家长在课外指导中，要尽量有针对性，并使方法多样化。比如，孩子写作文感到困难，不是因为他缺乏课外读物，而是因为没有亲身感受可写。这就需要家长多带孩子外出活动，增加接触自然和社会的机会，并且有意识

地引导孩子观察和积累素材，从而形成自己的亲身感受，以此打开孩子的写作思路。当他们为获得知识而感到有内容可写、处于一个愉快的学习气氛中时，就会感到学习有无穷乐趣，这时心理上的疲劳感一定会很快消除。

孩子的心理疲劳具体表现如下：

（1）习惯性的肌肉抽搐、皱眉、作怪相、绞头发、不断地眨眼、咬嘴唇或弄湿嘴唇、经常脸红或脸色苍白、手指神经性运动。

（2）多愁善感，郁郁寡欢，常一个人沉浸在幻想之中，消极悲观。

（3）过分羞怯、恐惧，怕见生人，拒绝在游戏中担任角色，喜欢独处，不喜欢与别的小朋友玩耍。

85. 家长应常常带孩子到户外活动

大自然是家庭美育的广阔天地，大自然的景色风光、历史遗迹、人文景观、动物植物等，是美育材料取之不尽、用之不竭的源泉，可以为美育提供最形象、最具体、最生动和最直接的素材。家长可以利用节日、假期经常带孩子到野外走走、看看，边游边谈，边游边教，丰富孩子的精神生活，开拓孩子的视野和胸襟，充实孩子的知识，使孩子受到美的熏陶，培养孩子的审美能力和高尚情操。

春天，我们可以带孩子到公园去。冬去春来，大地一派生机勃勃的景象，杨柳低垂、桃花吐蕊、绿草如茵，让孩子感受到大自然的美好，万物更新的喜悦。家长可以结合书本知识或古诗词，如通过“红杏枝头春意闹”来讲解春天的美好，通过“一年之计在于春”引导孩子要珍惜大好时光，并由此引申出“少年不努力，老大徒伤悲”的警句。夏天里带孩子到郊野，观察池塘里的朵朵莲花、夜间的点点繁星，启发他们美的感受和遐想。秋天里，田野一片金黄，呈现丰收的景象，家长可以引导孩子，使其懂得丰收来之不易，只有辛勤学习、刻苦钻研才能取得成果。秋天里还可以登高远眺，欣赏层林尽染的秋叶，把孩子的思想感情带到优美的意境中去，让孩子的心灵得到升华。在冬天和孩子一起堆雪人、打雪仗，在凛冽的寒风中跑步，边跑边描绘周围环境的景色。这样既可以锻炼体质和毅力，又可以欣赏大自然冰天雪地的美景。

总之，带孩子到野外游览名胜古迹，欣赏花草树木、鱼虫禽兽，这些可以培养孩子的审美情趣，丰富他们的情怀，陶冶他们的情操，磨炼他们的意志。

当然，到野外去不一定要到很远的地方去。有条件有时间带孩子到名山大川游览固然是一件美事，但如果条件有限，领孩子到附近公园走走，到家门口的花圃散散步，在街上漫步也都是不错的。关键是要根据孩子的年龄特点、兴趣爱好，因地制宜地进行引导、指点。家长应注意让孩子身临其境，亲身体验，调动起孩子的感观和心灵，通过大自然进行美育，让其产生想象和通感。

富贵之家，爱予过甚，予所欲得，无不曲从，一切刑祸从此致矣。

——（清）陈宏谋

86. 家长应善于用微笑对待孩子

一位成功的企业家总结自己的人生经验后这样说：在这个世界上，你给别人一个什么样的表情，别人就回报你一个什么样的表情。

你给对方一个怨恨的表情，对方就会回报给你一个怨恨的表情；你给对方一个善良的微笑，对方就回报给你一个善良的微笑。当你把一个微笑给了千百个人的时候，千百个人就会回报给你千百个微笑，你的人生就成功了。

人类是智慧的动物，只有人类会微笑，任何其他动物都不会微笑。所以，善于使用微笑，是人的智慧。微笑有三个好处：第一，微笑能够自然而然地调整自己的身体。第二，微笑能够使人心理上放松。第三，微笑对待世界，会得到更多的人生机会。

综上所述，微笑会使人生理放松，身体健康；微笑会使人心理放松，心理健康；微笑是一种人格魅力，是造成人生方方面面机缘的一种特别重要的语言。

家长首先要学会微笑，并且用微笑对待孩子，让孩子学会笑对生活。微笑的孩子会成为社会上备受欢迎的人。微笑的孩子能够克服更多的困难。微笑可以增加孩子被欣赏与被赞扬的机会。微笑能够使人心理上放松。微笑对待世界，会得到更多的人生机会。

从小善于微笑的孩子，长大以后必然会用微笑的态度对待生活，用乐观的态度对待遇到的一切挫折和困难。

微笑对待孩子，是家长对孩子最大的善意。希望您永远以微笑的表情面对孩子，让孩子在父母的微笑中成长。

教育孩童应着重激发其兴趣和爱心，否则只是填鸭式的灌输，毫无意义可言。

——［法］蒙田

87. 为孩子设计理想的新形象

美国心理学家罗森塔尔做了一个实验，把一群小白鼠随机分成两组：A组和B组。然后告诉A组的饲养员A组的老鼠是特别聪明的；同时告诉B组的饲养员B组的老鼠智力一般的。几个月后，对这两组老鼠进行迷宫测试，发现A组的老鼠确实比B组的老鼠聪明，能够先走出迷宫，找到食物。

于是，罗森塔尔得到一个启示，他把这个启示用在了人的身上。在一个班级的花名册上，他随便找了几个学生，事实上他根本不了解该班学生的情况，然后告诉老师，这几个学生经过他的观察和测试，是智商特别高的聪明学生。受到这番话的影响，老师真觉得这几个学生特别聪明，所以总用对待聪明学生的方法对待他们。一年以后，这几个学生在班里的成绩遥遥领先。

“罗森塔尔效应”告诉我们什么呢？

一个孩子被看成什么样，被说成什么样，被怎样对待，在不长的时间内，就会变成现实。罗森塔尔效应值得每个家长重视。

88. 家长不理解孩子的主要表现

现代心理学、教育学的研究表明，家长对孩子的理解对孩子的成长是至关重要的。通过考察很多失败的家庭教育案例，我们发现了一个共同的特点，即家长对孩子的许多事情不理解。

所以，如何做一个理解孩子的家长，实际上是使家庭教育步入正轨的一个重要前提。

家长不理解孩子的主要表现是：生活上过度溺爱孩子和给予孩子无微不至的照顾以及与溺爱并行的专制；通过学习与课外兴趣的培养对孩子进行强行塑造；不了解孩子心理健康方面存在的问题；家庭关系的错误设置与安排；对孩子社交、社会生活进行各种错误干预。

实施正确的家庭教育，从根本上取决于家长对孩子的理解。

89. 家长应善于了解和理解孩子

善于了解和理解孩子，是家庭教育摆脱盲目性和无效劳动的唯一途径。所以，想做一个聪明的家长，一个对孩子能进行正确引导的家长，从现在开始就要使自己成为一个了解和理解孩子的人。事实上，掌握了正确的方法，了解和理解孩子并不难。

首先，家长要从内心深处认识到，自己在一定程度上对孩子是不够了解的。这一点非常重要。然后，逐步放下年龄和文化的差距，放下强行塑造的主观主义，放下家长绝对权力的权力主义。但现实中，许多家长都容易忽略一个事实，就是与孩子的年龄差距。

一个小孩子坐在雨后的泥水塘边玩泥巴。他正在设法把泥巴捏成一个小人儿，或者一个小动物，他也可能正在学着家长的样子做饭。孩子正在自由地想象，自由地创造，他很快乐。这时候，家长走过来说：“那泥多脏啊，那水多脏啊！有什么好玩的？给我回家去！看，我还得给你洗衣服。”家长忘了，自己小的时候也经常喜欢冒着大雨玩耍，经常喜欢到池塘里捉泥鳅。

忽略了与孩子的年龄差异，家长显得粗暴无理和愚蠢。这时候的家庭教育必然是失败的，因为家长无意中打击了孩子的创造兴趣和积极性。家长要承认与孩子的年龄差距，还要承认与孩子所处时代的差距。

家长们成长的年代，崇拜的对象可能是战斗英雄、劳动模范、科学家，可是当代孩子的偶像却更多的是歌星、影星和球星。所处时代的差距使很多家长在这一点上不理解孩子，不接受孩子，而这种不理解和不接受常常造成了孩子与家长间的心理距离。

强行塑造和主观主义给孩子带来的危害是显而易见的：就好像让李宁去跳高，让邓亚萍去游泳，结果会失去两个世界冠军。让孩子从事一项不符合

自己专长和兴趣的工作，是很难获得人生的成功的。当代家长教育孩子时经常犯这样的错误，于是等到孩子长大，终于可以自己选择学习和生活内容的时候，却已经错过了最佳成长时期，于是留下终生的遗憾。

90. 家长应善于和孩子“平等对话”

“平等对话”这个词人们并不陌生，可是做起来却不一定容易。朋友们可以想一想，你平常和孩子说话，是平等的吗？是坐在一起你一句我一句聊天的吗？是你一句我一句商量的吗？是你一句我一句有问有答的吗？是孩子请教你，你也请教孩子吗？是孩子尊重你，你也尊重孩子吗？孩子听你的，你也听孩子的吗？

如果不是的话，那么您就应该学着和孩子平等对话。

平等对话的关键在于，对话之前不要给孩子施加压力。要让孩子在完全松弛的状态下，用最愉快的方式、最自由的方式和你谈话。比如说，你可以问一下孩子：你最近为什么对游戏机这么上心？你为什么这么喜欢某个歌（球）星啊？而不是上来就说：你怎么对游戏机这么感兴趣，不好好学习！这样的歌（球）星有什么好崇拜的？怎么不崇拜大科学家？

不是从一开始就对孩子强行干预，家长才能了解孩子真正的素质、特点、兴趣和爱好，并且在此基础上实现事半功倍的正确指导。

91. 家长应善于倾听孩子的自由谈

有的时候平等对话是一种简单的对话方式，只有对话到一定程度孩子才能自由倾谈，想说什么就说什么。这时候家长只有一个任务，就是注意倾听。倾听的时候，为了使孩子能够不断自由倾谈，你只需用一个简单的方式就是欣赏，欣赏孩子的自由倾谈。孩子讲学校的事情，讲怎么踢球，讲和小朋友之间的关系，讲见到的各种各样的事情，幼儿园的事情，学校的事情，都可以。倾听时带着欣赏的微笑、理解的微笑，这样会使孩子愿意和你谈，觉得和你谈比和其他任何人谈都更有兴致。

做到这一点的家长就是了不起的家长。

92. 家长对孩子要设身处地，身临其境

不了解孩子主要是没有做到设身处地，身临其境。孩子的思维与家长的思维差别很大。孩子的每一个行动都有他自己的思维角度。你觉得孩子并不大，才上初中，你有权利拆看他的信件。可是当你站在孩子角度上一想，就会感到自尊心受到伤害。

有人给孩子打来电话，你有分机，你觉得拿起来听一下没什么，这是做家长的对孩子负责：他是个男孩，为什么老是有个女同学给他打电话呢？站在孩子的角度上一想，你就会感到受到了极大的污辱，感到不被家长信任和受到约束。

要经常站在孩子的角度想一想，体会一下。你也当过孩子呀，人都是从童年进入少年再进入青年的。

不妨这样转换角色：我就是我的孩子，我现在是中学生，比如说我是个男孩子，有男性朋友，也与女同学交往，我有自己的爱好，比如玩游戏、踢足球，我还喜欢某一个歌星。我在自己生活的这个世界中，就穿着和同学们有某种攀比，我喜欢这个眼装品牌。

孩子有一整套思维，面临某种处境，他的每一个做法在他的同学中、环境中都受到一种评价。不进入他的角色，你怎么能了解他？你怎么知道他为什么喜欢某种服装？你怎么知道他穿这种服装到学校以后同学们会怎样赞美他？这些你都不了解，你就是一句话：穿这种衣服像什么样子？

你有什么权利简单地下这样一个结论？又有什么权利剥夺孩子的自由思想和自由选择的权利呢？

93. 家长应关心、了解并正确引导孩子

孩子不爱学习某一门课程，可能是方法不得当，家长要多了解情况，便于帮助孩子掌握正确的学习方法；也可能是积极性被老师的一次批评给挫伤了，这时候家长可以配合老师对孩子实施欣赏、夸奖、鼓励的方法，使孩子重新恢复对该门课程的兴趣。这可能是解决家长陪读之累的根本方法。

年龄稍大的孩子，可以采取聊天甚至请教的方式。孩子特别喜欢某一个影星，家长可以看一下这个影星主演的片子，然后，与孩子讨论人物的性格、品质，包括探讨情节发展的合理性。这样，逐步把孩子对人物外表的兴趣引导到对人物性格、品质的欣赏和理解上，激发孩子文学创作的想象力和热情。

孩子喜欢玩游戏机，家长向孩子请教玩的方法，就会发现游戏机对孩子智力发育有利的一面，如可以锻炼孩子的反应能力、判断能力；同时也要知道，如何使孩子避免受到不良影响，家长可以帮助孩子选择游戏，教孩子自己控制玩耍的时间等。

94. 家长要交还孩子的两项权利

人活在世界上有两项权利，一个是关心和管理自己的权利，一项是关心别人的权利。

这个世界上没有任何一条法律规定，你不能关心自己，不能关心别人。即使最专制的国家都不敢说一个人不能关心自己，不能关心别人。

可是我们的家长就敢，家长经常剥夺孩子自己关心自己的权利和关心他人的权利。

比如，一个孩子七八岁了，你把他的学习和衣食住行都管起来，这样你就剥夺了他自己关心自己的权利。

当一个孩子 10 岁了你还不让他去关心父母，关心他人，你就剥夺了他关心别人的权利。

两个权利的剥夺使我们的家庭教育陷入了一个巨大的误区，造成了孩子的性格缺陷。这是目前中国家庭教育常见的一个误区，对家长不好，对孩子不好，对民族不好，对整个社会不好。

而孩子天生是有关心自己和关心他人的权利的，而且孩子天生就有这种兴趣。

小孩子玩过家家，自己做饭，弄个小锅小碗小盆，模拟做饭。这叫自己关心自己。

把洋娃娃当小孩儿，拍着，哄着，让她睡觉，或者找个小点的小朋友当小孩儿，来给他模拟于理发，模拟洗脸，这叫关心他人的兴趣。孩子从小就有。

孩子的这两个关心，是他作为一个人在环境中必然学到的、模拟到的一种本领，一种生活内容，你把它剥夺了，可以吗？

不可以！

在孩子特别小的时候，你代管这两项权利。但这不是你的权利，是孩子的权利，只是暂时由你代管。

当孩子在母亲腹中的时候，由你代管；当孩子刚刚出生的时候，你也代管一段时间。

随着孩子长大成人，要逐渐将这两项权利交还给孩子，到了孩子十七八岁的时候，就要完全交还给他。

孩子到了二三十岁你再代管，会导致孩子无法成为成年人，家长也无法成为合格的家长。

随着孩子年龄的增长，或者孩子现在年龄已经很大的时候，就是你把剥夺了孩子的权利还给孩子的时候，我们还要加一个词来界定，叫做“有指导地把权利交还给孩子”。

如果孩子年龄小，或者是因为你太溺爱他，从没有让他管过自己，关心过别人，那么他就不会关心自己和别人，这时候你就要有指导地把这两项权利交还给他了。

95. 家长应常常和孩子进行“角色置换”

家长和孩子进行“角色置换”，是为了增强孩子的生存能力，增强孩子对社会的适应能力，提高孩子的心理素质，使孩子学会关心自己、关心他人，这是一种在家庭中比较便于操作的方法。

一般情况下，家里的事情都由家长作主。随着孩子年龄的增长，就要让孩子对某些事情做主。

两三岁的孩子，就可以让他拿主意。比如，今天吃什么饭炒什么菜。孩子有时候也很愿意做主。

更大的孩子，可以为更大的事情做主。比如，家里买什么家具，买什么电视，换什么窗帘，装修不装修房子，星期天怎么过，爷爷奶奶的生日怎么过，等等。

更大的事情，可以和更大的孩子商量，如父母的工作、父母家庭中遇到的各种问题，都可以让孩子提出建议。

让孩子为某些事情做主，让孩子站在家长的立场上，这就叫角色置换。

96. 家长应注重培养孩子的爱心

培育孩子的爱心事关重大，对孩子的未来也有着极为重要的意义。这主要基于如下原因：

（1）一个有爱心的人，是身心健康的人。生活中有一个规律，身心健康的人容易对人有爱心。你今天身体特别好，休息特别好，情绪特别好，就会有一种情绪，愿意去关心别人。反之，一个再有爱心的人，当他痛苦不堪地躺在病床上的时候，是无暇去关心别人的。

身心健康是爱心的生理和心理基础。反过来，充满爱心能使人身心健康。一个从小有爱心的人，身心也会健康。你不培养孩子的爱心，实际上是剥夺了孩子使身心健康的一个重要途径。

（2）有爱心的人具有创造力。文学艺术有这样一个规律，在创造者有爱心的情况下其创造成果能够成倍出现。一个有爱心的人往往灵动活泼、状态积极；一个脾气暴躁、急躁、狠毒、嫉妒、狭隘的人缺乏创造力。

所以，培养孩子的爱心，同时等于培养孩子的创造力。很多创造来自对人类的关心、爱心。比如说，医学发明、生物发明、心理学发明、文学创作，很多就是因为关心人类，关心人类生活的方方面面，才迸发出创造力。

（3）爱心是一个人生活的动力。一个人，无论是男性还是女性，当他（她）走向社会的时候，对周边的人有爱心，这个人就有魅力，大家就喜欢他（她），大家也爱他（她）。

如果你的孩子有爱心，在未来他就有人缘、有人缘就会有很多机会，在社会中才能畅通无阻。你不培养孩子的爱心，等于剥夺了孩子的魅力，使他不会微笑，不会爱别人，因而也不会被别人所爱，未来他就是一个失败者。

（4）爱心是美德。有爱心的人关心社会，关心他人，是个有道德的人，是个讲美德的人，是个被社会普遍尊重的人。

（5）因为有爱心，就有了前面所说的身心健康，有了创造力，有了魅力，有了美德，孩子才能有更好的社会生存能力，才能与同学、朋友、同事，以及对整个社会和谐相处。没有爱心，等于剥夺了孩子的这些能力。

你现在不培养孩子的爱心，未来想使孩子走什么路？失败之路吗？不健康之路吗？不自在之路吗？

所以，爱心最终能成就孩子的未来。这样，培养爱心就显得非常重要了。

97. 向孩子表达你对他的信心和信任

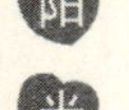

信任孩子，相信孩子的能力，同时相信孩子一定可以做得到，心中不仅要时常这么想，也不要忘了要常常跟孩子这么说。

孩子都是极其敏感的，也极易从他人的语言、眼神、动作或表情中，感受到应该如何行动的暗示，由此他们也会从中认识到是非善恶的道德标准，感受到自己的成功或失败、被肯定或是被否定。所以他会更加关心社会中存在的人与人之间的比较、自我批评和自我评价等问题，但值得注意的是孩子所有的评断标准，皆来自于家长的奖罚程度。

时常对孩子表达你对他的信心和信任，将更有助于孩子的积极、良好行为的发展。

你可以试着这么说：

“这好像真的不太容易，但我仍然相信你可以做得到！”

“我对你的实力有信心！”

“你说的有道理！”

“你一定会有办法解决的！”

“我相信你真的尽力了！”

98. 棍棒教育不可取

当孩子表现得不够好或是出现不合宜的行为表现时，家长是否应该体罚孩子呢？

从教育的立场来看，有的老师抱持着“惩戒不守规矩的孩子，用以作为维持教室秩序”的手段。因此，体罚似乎已是大人“管教”孩子不可或缺的“权力武器”，大人使用大人既得的权威作为武器，迫使孩子“就范”、“屈服”，遵守大人们所订立的规范，表现出合乎大人标准的行为举止。

在我们周围可以发现，被父母体罚的孩子，多半都是年纪较小的，譬如处于学龄前的孩子，大约是0～6岁之间的孩子们。他们不太能理解父母所讲的道理。还有就是孩子愈大，他的身材愈高、力气愈大、跑得愈快，是不太容易对其施予体罚的。

曾有一位妈妈十分无奈地告诉我：“其实我也实在不想动手打他，也希望像老师你所说的那样——认为我自己的孩子其实是可以‘沟通’的，有时却往往不是那么一回事，若不在他们犯错的时候给他们一点教训，我真不知道还可以找出什么更好的方法来让他不再犯错！”

的确，当孩子们还小的时候，我们可以发现大多数父母最常用的管教方式便是体罚……因为这些既缺乏理性又刚学会走路、刚学会控制自己身体的小孩儿们，最容易也总是令爸爸妈妈们头痛且手足无措。

因为父母一会儿要预防孩子去摆弄危险的东西，一会儿又得当心孩子走到危险的地方，还得提防整个客厅被他弄得一团糟，父母也必须成天跟在孩子后面，生怕一不小心，孩子会有个什么闪失。

因此做父母的不知道在这个时候，除了通过让孩子感到痛来加深孩子的印象之外，还能怎么办？不过同时也有为数不少的父母曾斩钉截铁地告诉过我，打骂孩子都只是一时的缓兵之计，他们也希望自己的孩子“的确是可以沟通的”。

因此，一些家长以为只有等到孩子日渐长大，懂得的事理也比较多的时候，能够听得懂他们的指示，比较能够通情达理的时候，才会舍弃这种体罚的方法，而改为和孩子说理、商量和沟通。

但事实上，让我们静下心来仔细回想，每当你采用体罚的方法希望阻止孩子某些行为出现的时候，孩子的这种行为就真的没有再出现了吗？

答案好像并不尽然。因为就在我们一味体罚孩子的时候，我们只是一味地禁止孩子当时的行为，但却没有真正去了解孩子行为背后的动机或意念，也就是说只治标而没有治本。

这就如同头痛医头、脚痛医脚，父母并未找出孩子行为背后真正的原因、症结所在。孩子究竟为什么要这么做，孩子也不清楚究竟这么做有何不妥，不明白为什么爸爸妈妈会这么生气，为什么就不能按自己的意思去做呢，而就非得要照你们大人的意思和标准去做呢？

在一切都不十分明白的情况之下，也许孩子只是因为一时怕被处罚、怕痛而暂时不去实施这个行为，但不久之后孩子又会因为忘记曾经的痛而故态复萌。

当孩子类似的行为再度出现的时候，身为爸爸妈妈的你们，势必会非常生气：“我不是才告诉过你的嘛！怎么又忘记了？”于是乎，你们的亲子关系就日复一日地趋于紧张，陷入恶性循环之中。

但惩罚归惩罚，而孩子依旧我行我素，父母的“教诲”未见收效。父母实在懊恼与不解，孩子他究竟为什么要一而再、再而三地犯类似的错呢？是不是故意和你做对？而孩子也十分迷惑——你为什么就不能让他这么做呢？

因此，体罚对孩子而言，固然是可以收到一时的效果，但其实体罚对孩子的心理与精神常会产生非常严重的负面效果和不良影响。这种影响甚至可能会持续到孩子长大成人，等到那时，我们再改以说理的方式和孩子沟通，你认为效果将会如何？

事实上，当孩子的行为失去控制、不符合规范的时候，正是他最需要帮助的时候。此时的他正如一艘迷途的船、一个迷失了方向的旅人，他们此刻最需要解决的不是其他什么衣食饱暖的问题，而是一盏足以指引方向的明灯或一张得以标示方向的地图或是一枚指南针。

所有亲爱的爸爸妈妈们，你们扮演着孩子这段生命历程中最重要的指引方向的角色。

此时的你，如果只是一味地对孩子施以体罚，孩子那些不符合规范的行为可能会因此而暂时性地得到抑制，但就体罚这件事对孩子而言，无疑就像对他宣战一般，因而你们就陷入了敌对的紧张状态。

这一切只是因为你打了他，而同时也将他的注意力转移到“体罚”这件事上，因而原先遭受体罚的原因和焦点，也可能因此而模糊了，这倒反而给了孩子一种补偿的心理，“我反正已经被你处罚过了”，那么孩子又怎么会认真地去反省或思考究竟自己为什么会受罚呢?

99. 鼓励孩子的方法

鼓励孩子通常有以下五种方法：

（1）真诚的关心询问。当你发现孩子的言行举止异于平常时，你就应该予以适度的关心和慰问，当你这么做时，可使孩子感受到父母的关爱和温暖，从而鼓励他在将来遇到困难之时，也可以主动向父母倾诉。

倾听孩子的心里话，将有助于你更加了解孩子心中的疑惑、困扰、想法及其他种种问题，以便及时纠正、引导孩子错误的或不当的观念，或是及时赞扬孩子正确的想法。

（2）适度具体的鼓励。给孩子适度的鼓励，有助于孩子建立信心，也可以使孩子对自己的良好行为有更深层的认同，促进他的独立和对自己的肯定。其中最重要的原则就是——赞赏孩子付出的努力、他的工作、成就、表现、创造和思考。

譬如，“当你将老板多找给你的钱还给他时，我真为你的诚实感到骄傲！”就比你只对孩子说“你真是个诚实的好孩子”要来得具体和适切；“你做了一个很好看的城堡”就远比你对孩子说“真是个很棒的建筑师”要好得多；“我好喜欢你自己亲手做的这张卡片，它不仅漂亮，还有你自己亲手写的祝词，让我觉得好感动”也远比“你想得很周到”要好得多，这能让孩子感受到你的真实感受。

（3）尊重孩子。父母们要尊重并正视孩子的权利，这其中包含接纳孩子的情绪、思想和行为，信任孩子的能力，坦诚对待孩子，聆听孩子的心声。

（4）坚定而不支配。唯有坚定地对待孩子，才能正确清楚地教导孩子行事的准则和界限。“坚定”就是对于孩子的行为表现有规定的一致性，要有原则地决定要孩子做什么，并且毫不动摇地将其加以实现；“不支配”则是父母不将自己的意愿、想法强加在孩子身上，不轻易对孩子说什么是应该去做的。坚定而不支配，是建立在父母与孩子互相尊重的精神基础上的，父母尊重孩子的权利，也尊重自己对孩子不施无谓仁慈的权利。

所以父母一定要坚守自己的原则，是非分明，不接受孩子的讨价还价，不因孩子的哀求、无理取闹而作出让步或放弃自己的原则，而是要坚定地执行所制定的规范。如此才能引导孩子自动遵守规范、改进行为，进而培养孩子自治、自律的精神。

当然，“坚定而不支配”也可以用在拒绝孩子过分的要求上，但也必须对所制定的规则维持一贯性。适当的坚定以及温和的压力，可以让孩子从中学会约束自己的行为。

（5）避免过度批评。父母常会因为担心孩子成长过程中受到不良熏陶而影响成长和发展，为避免孩子犯错，他们便持续地监督孩子的一举一动，并不断地给予纠正及训诫。父母对孩子这样缺乏信心，容易让孩子产生羞辱感及挫折感。只有父母信任孩子，并给予鼓励，才有助于孩子发展自我概念。

就算父母真的觉得有必要批评孩子，也请注意批评必须具有建设性而非破坏性，也就是你应该完全抛开孩子个人品格上的缺点，而是就事论事，只限于指出孩子必须要做，但却没有做到的或做好的事。例如：孩子一不小心打翻了杯子，建设性的批评就是“你打翻牛奶了，去拿抹布来擦干净吧！”此时，或许你可以考虑是否为孩子再倒杯牛奶；而破坏性的批评则是：“你真是差劲透了！笨手笨脚的连杯子都拿不好！”“怎么搞的，不是跟你说过很多次了嘛！怎么还学不会呀！”

如果你能以感性包容孩子的所作所为，并以理性引导孩子的行为举止，相信孩子会在你这称职生活导师的引领之下，学习到更为睿智的生活经验。

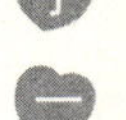

100. 家庭教育的七种误区

家庭教育中较普遍存在的七种误区：

（1）家长对孩子过分溺爱，造成孩子心理承受能力比较差；而心理承受能力差的孩子更容易产生不健康心理。

（2）与溺爱并行的专制。孩子在溺爱和专制的环境中，很容易产生不健康心理。因为溺爱和专制极大地破坏了孩子正常发育所需的自在状态。

（3）家长们往往偏重智力教育，而忽略了智力以外的心理素质的培养。从小的溺爱，再加上对智力、智商的高追求是孩子产生不健康心理和心理障碍的重要原因。

（4）家长对孩子常常期望过高。这种过高的期望变成对孩子的要求时，就会对孩子产生一种压力。这种压力和现在普遍存在的学习负担过重、升学竞争激烈，从孩子很小的时候就开始了，一年又一年累积起来，从而导致孩子心理扭曲。

（5）孩子从小和父亲、母亲一起生活，关系非常亲密，容易产生“恋父情结”或“恋母情结”。

在街上经常可以看到，一个三四岁的小男孩对母亲呵斥来呵斥去，就好像一个很粗暴的男性在呵斥很听话的妻子一样。这种情况应该引起家长的警惕。

一个从小得不到父爱或母爱的孩子是不健康的。任何一种爱的缺乏，都会造成孩子的心理不健全。反过来，爱超过了一定的限度，达到了溺爱的程度，甚至到了比一般溺爱更严重的程度，则会让孩子产生不健全的心理。

有的母亲很骄傲地对人讲，儿子七八岁了，晚上还要她搂一搂才能睡着觉，吃不下饭还要她喂一喂。她不知道，这实际上是葬送孩子的一种家庭教育。

一个男孩子十来岁了，对母亲还非常依恋，离开母亲不能吃饭，不能睡觉，可是有的家长还没认识到这个问题。这些家长不知道自己是在把孩子往不健康的道路上推。这也是目前独生子女家庭中，父母溺爱孩子时经常出现的一个非常严重的情况。

（6）由恋母、恋父情结引申出来的还有一个问题，就是我们对不同年龄段的孩子缺乏正确的性教育。很多孩子的心理问题、心理疾病，都是由小时候的性教育不到位而造成的。比如，一个大学生，他的神经症非常严重，常感焦虑与抑郁，就是因为他在初中阶段有过手淫行为。因为缺乏性教育，他没有形成正确的观念，因而产生了深刻的犯罪感。这种犯罪感一直困扰着他，使他觉得无脸见人。他现在的症状就是不敢正视任何一个人的眼睛，在生活中和人交往有困难。

因此，家长应该充分认识到对孩子实施正确性教育的重要性。在这方面，有很多专家的意见可供参考。

（7）现在的家长普遍溺爱孩子，同时又不自觉地将自己的孩子与其他孩子进行比较，比如我的孩子有没有其他孩子穿得漂亮，别人的孩子有了钢琴，我是不是也要给孩子买钢琴，等等。

家长间的互相攀比也造成了孩子间的攀比，是我的父母对我好呢还是别的小朋友的父母对他们好？这种攀比常常会给孩子带来额外的刺激和压力。而这种精神压力就成为孩子心理不健康的第七个原因。

以上七种比较普遍存在的原因，应该引起家长的重视。所有的家长都应该一条一条地对照一下，自己在教育孩子的过程中，有没有这些不正确的、不妥当的倾向。